独立行政法人国立文化財機構
奈良文化財研究所　編

仁和寺史料

古文書編　一

吉川弘文館

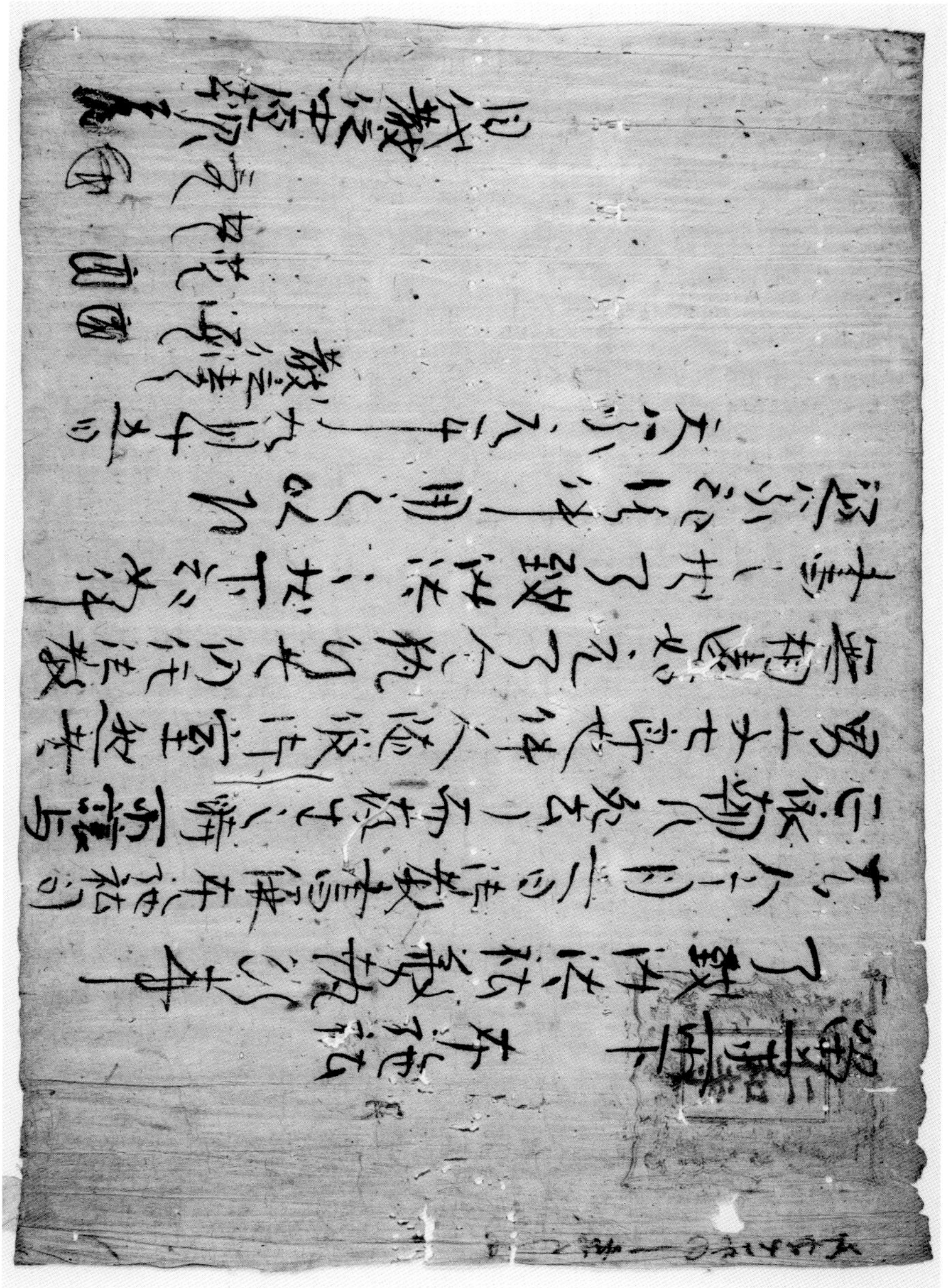

1　美作國留守所下文　御經藏第150函第２號

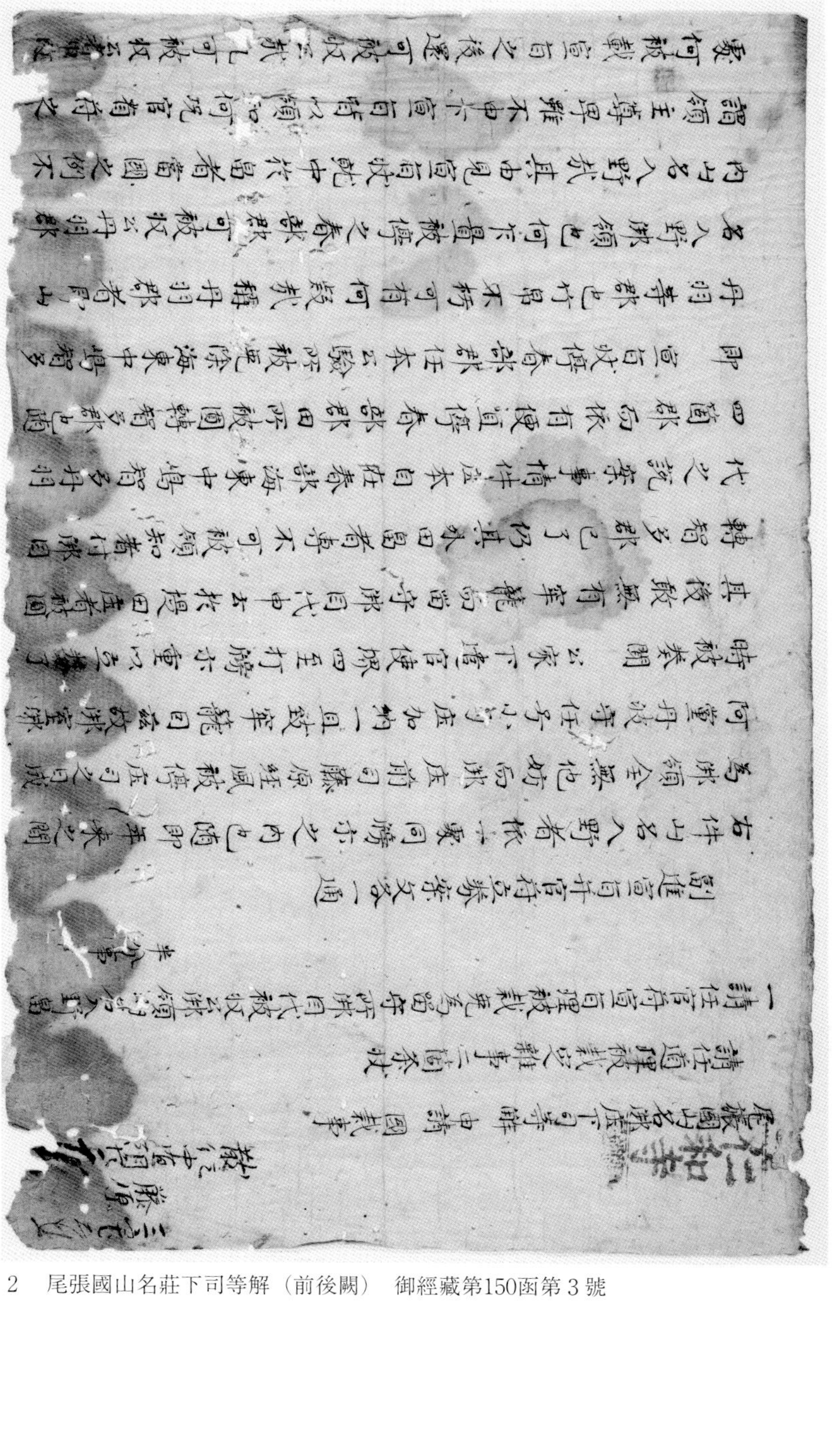

2　尾張國山名莊下司等解（前後闕）　御經藏第150函第３號

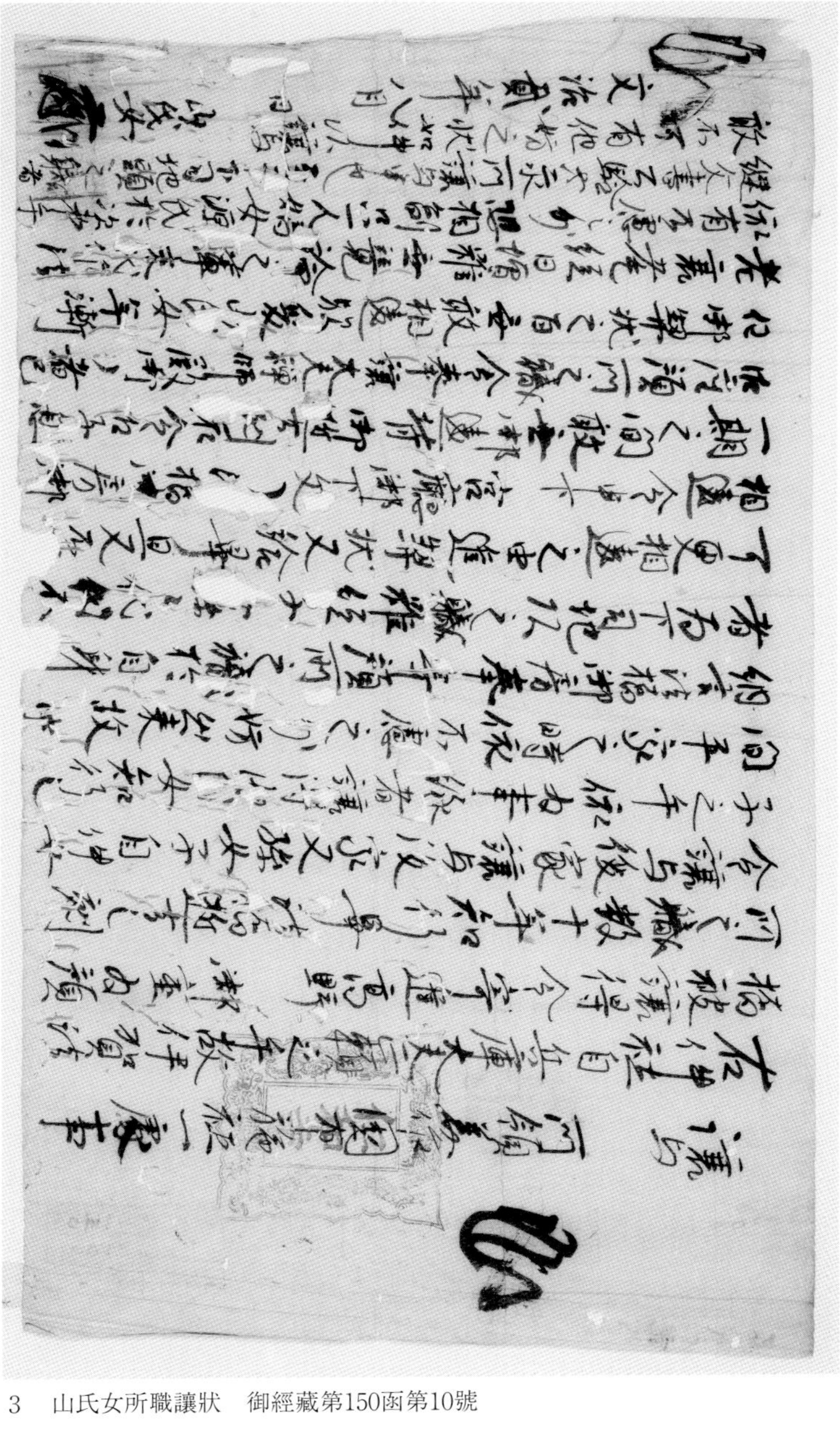

3　山氏女所職譲状　御經藏第150函第10號

4　仁和寺御室道深法親王令旨　御經藏第150函第15號

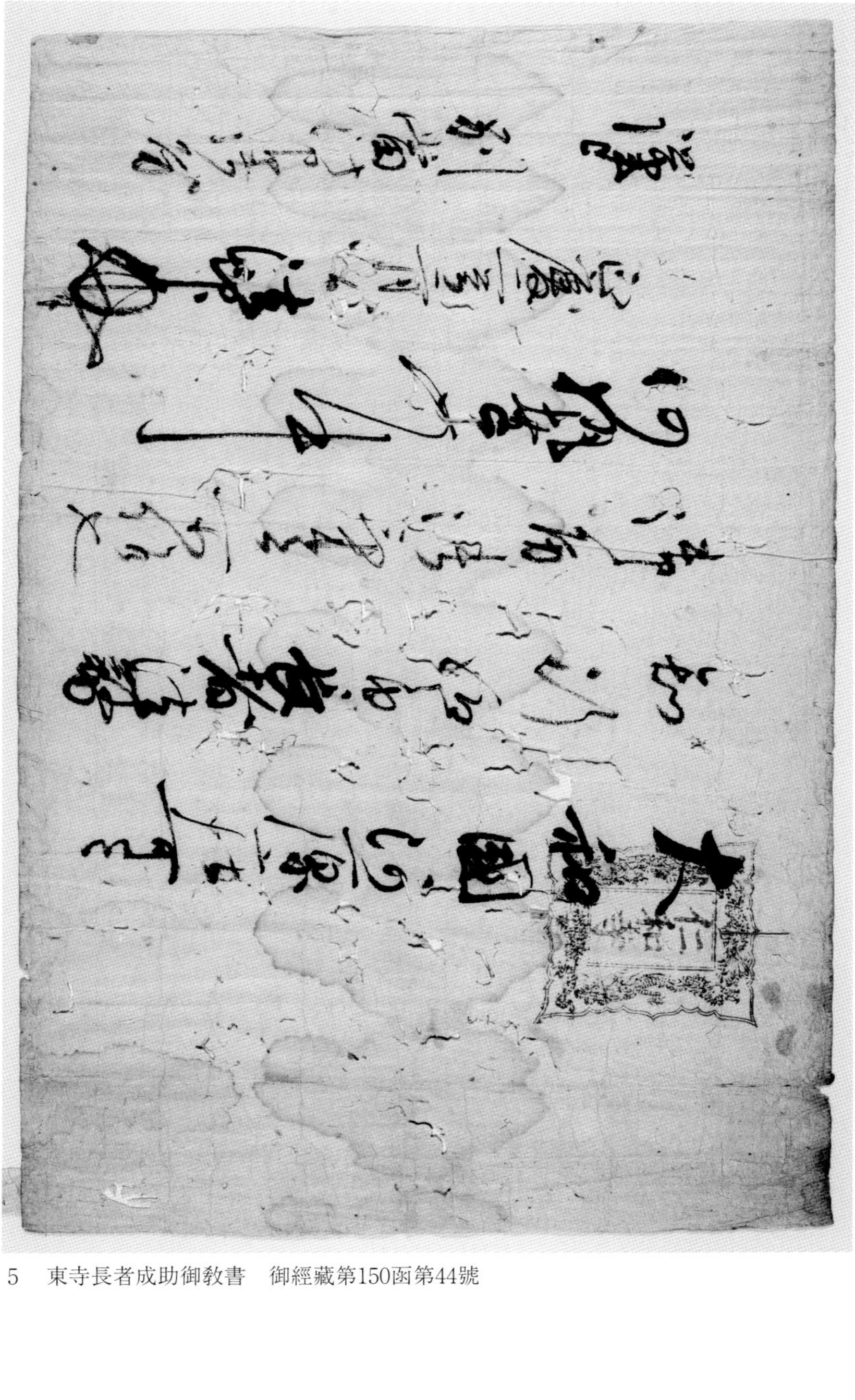

5　東寺長者成助御教書　御經藏第150函第44號

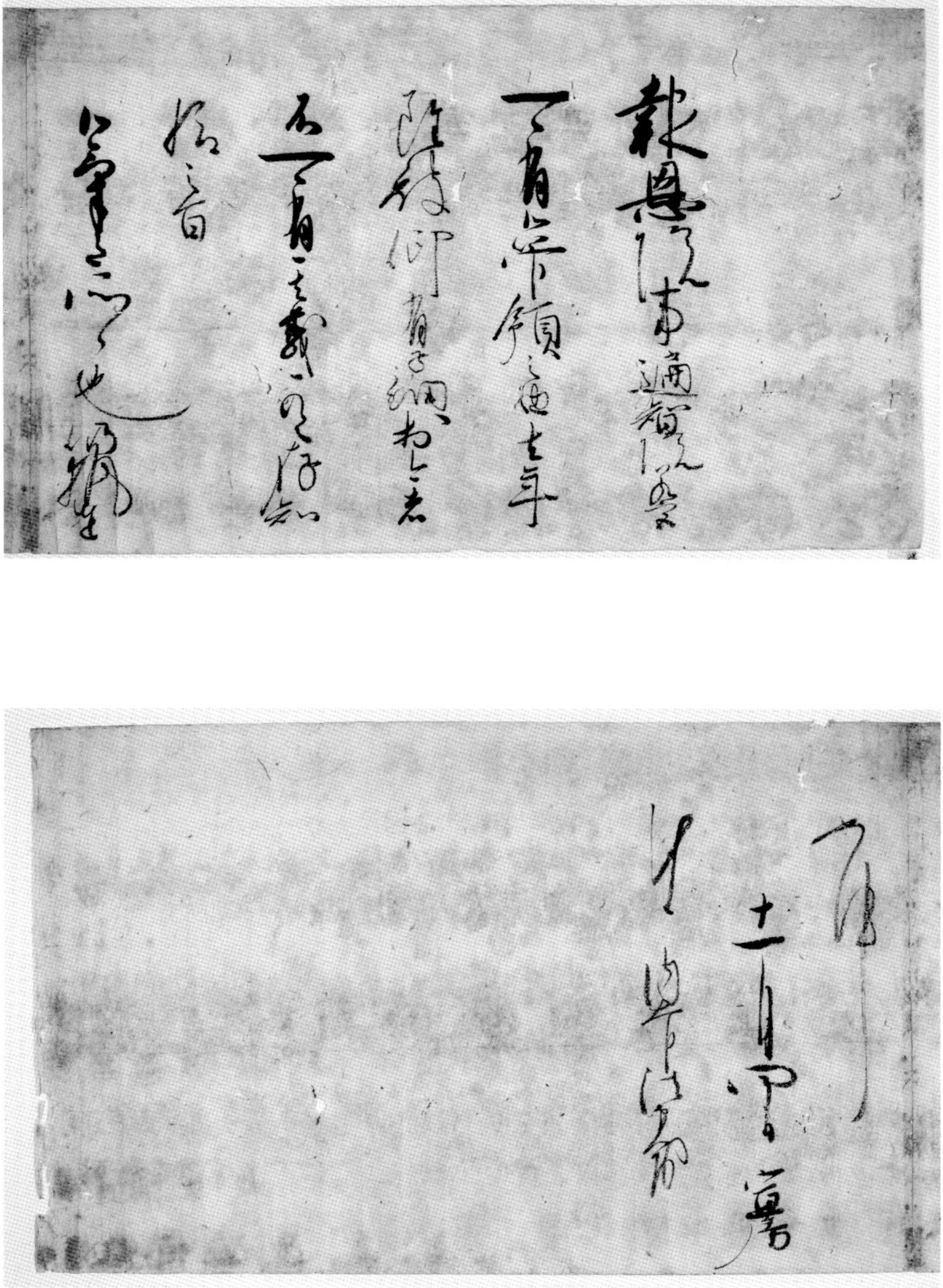

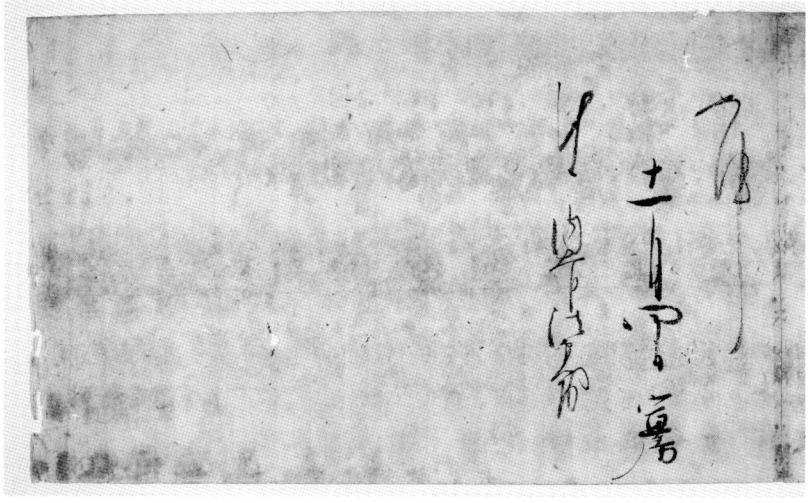

6　後宇多上皇院宣　御經藏第150函第59號

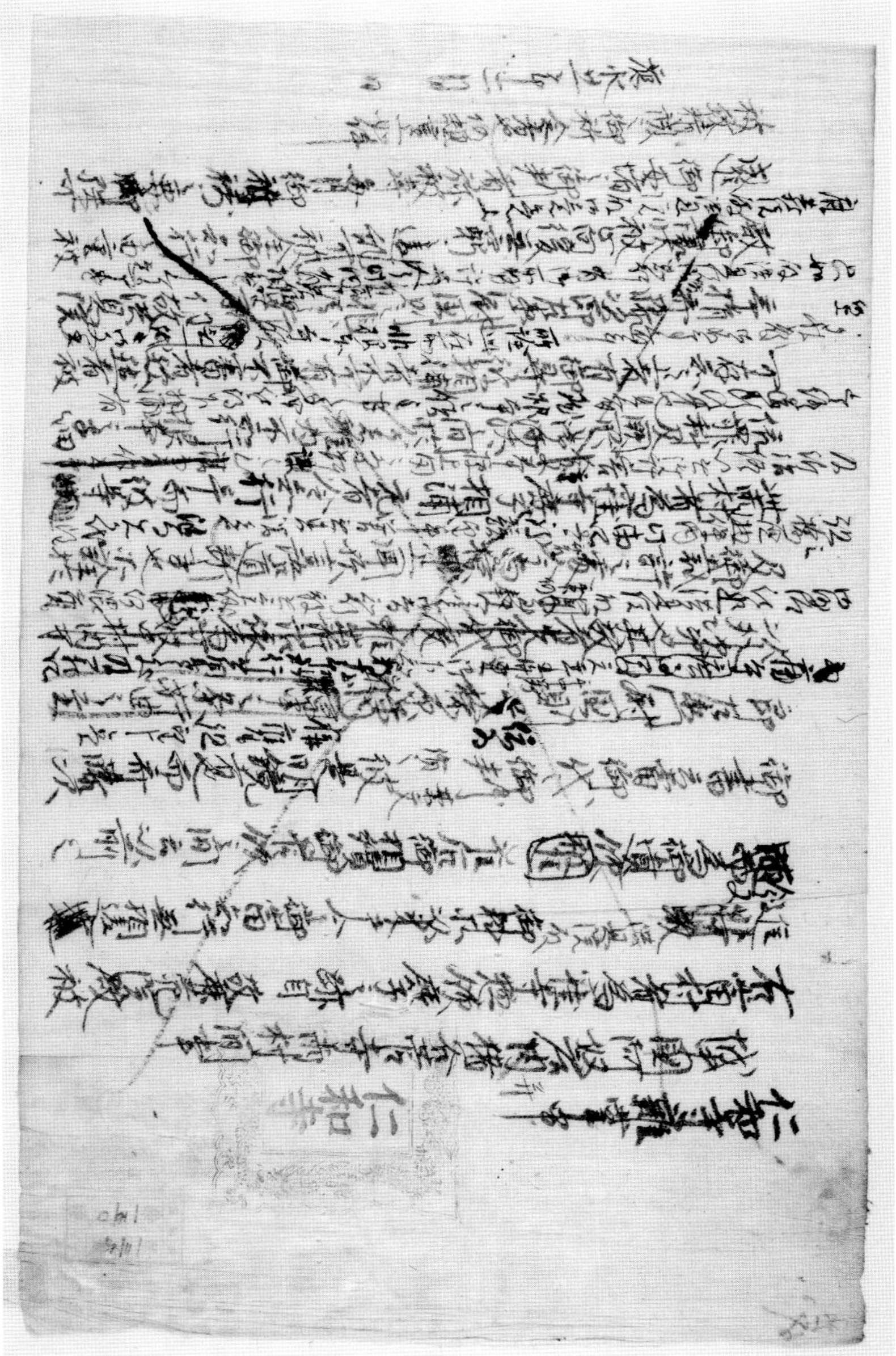

7　仁和寺雑掌申状案（土代）　御經藏第150函第139號

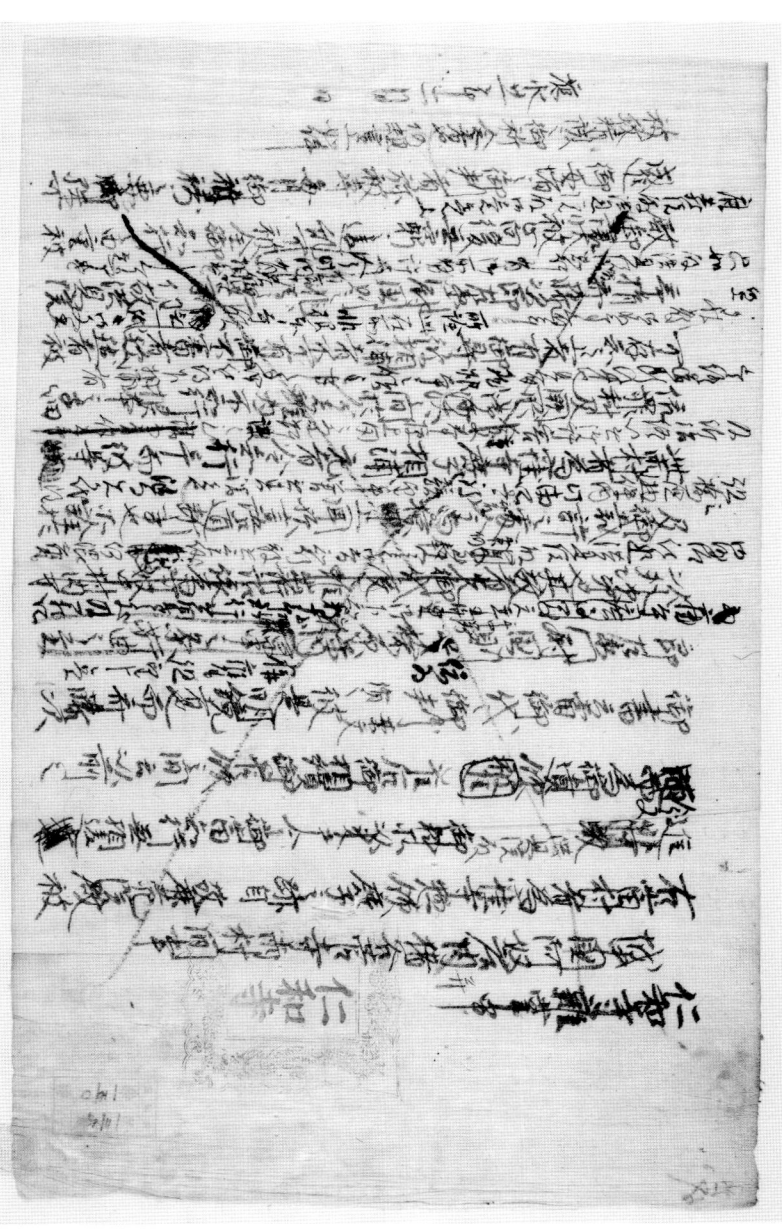

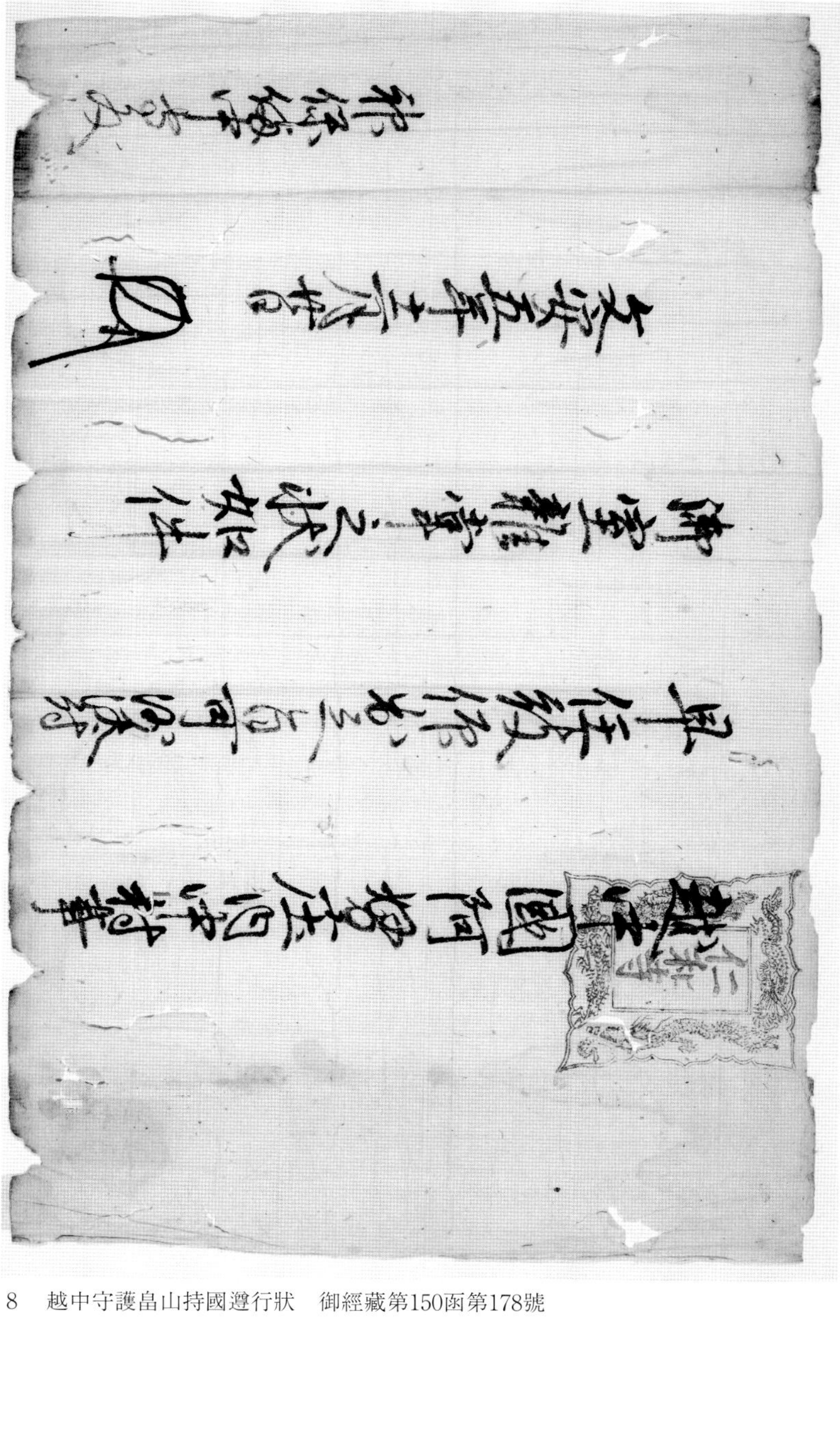

8　越中守護畠山持國遵行狀　御經藏第150函第178號

序

京都の西郊に位置する仁和寺は、真言宗御室派の総本山であり、平安時代以来、皇族が入寺する門跡寺院として、極めて高い寺格を有していました。それゆえ日本の歴史上も重要な役割を果たし、貴重な文化財を数多く今日に伝えています。

そのため奈良文化財研究所は、創立間もない昭和三十年代前半から、仁和寺の文化財の調査研究に取り組んできました。その成果として、昭和三十九年には『仁和寺史料　寺誌編一』、昭和四十二年には『仁和寺史料　寺誌編二』を出版しました。これらは仁和寺研究の基礎史料として、現在も広く活用されています。

その後も、仁和寺に関する調査研究は、御経蔵・塔中蔵等の聖教・古文書類を中心として、継続して実施してきました。その中で古文書は、古くは古代にまでさかのぼる重要文書の存在を、数多く確認することができました。そこで今回、新たに『仁和寺史料』に古文書編を設けることにしました。今回公刊するその第一冊目には、御経蔵第一五〇函第一号〜第二一六号の古文書を収録することにしました。時代は平安時代から室町時代に及び、内容は寺領に関するものです。仁和寺の性格上、寺領は全国各地に存在しており、その古文書の学問的価値は極めて高いと言えましょう。本書が仁和寺、さらには日本の歴史を研究する上で、重要な意味を持つ史料集となることを確信しています。

仁和寺におかれましては、奈良文化財研究所の創設以来、歴史研究室による調査研究にご協力頂き、また今回の史料集出版にも快くご許可頂きました。歴代執行部より格別なるご理解・ご協力を賜りましたことを、厚く御礼申し上げます。

平成二十五年三月

独立行政法人国立文化財機構
奈良文化財研究所
所長　松村　恵司

例言

一、「仁和寺史料　古文書編」は、仁和寺に關する古文書のうち重要なものを逐次刊行するものである。

一、本書には、仁和寺所藏の仁和寺御經藏第一五〇函第一號～第二一六號を收錄した。

一、本文では各文書について、初行に御經藏第一五〇函の文書番號・文書名・員數を記し、卷頭圖版が存在する場合は圖版番號を記した。文書番號は、番號を付けた後に他と同一文書であることが判明した場合には、二重に付けられている場合がある。

一、右の記載の次行に、文書の形狀等に關する情報を、○を付けて掲出した。形狀・印記・法量・紙數・書寫時代・その他の順に記した。なお、料紙は特に注記のないものはすべて楮紙である。また、その他の事項が長文にわたる場合には、適宜○を付けて改行した。

一、形狀は、竪紙・折紙・横切紙・縱切紙・續紙等に分類した。

一、書寫時代は現文書が書かれた時代を示す。従って案文の場合は、書寫された推定時代を示すもので、正文が作成された時代ではない。無年紀文書・案文については、紙質・書風等より推定したものである。時代はおおむね次の區分によった。

院政期　寛治～元暦
鎌倉前期　文治～承久
鎌倉中期　貞應～弘安
鎌倉後期　正應～正慶・元弘

南北朝　建武～明徳
室町前期　應永～嘉吉
室町中期　文安～延徳
室町後期　明應～永祿

一、釋文は、明治以降に加えられたと思われる墨書は、原則として翻刻していない。

一、釋文の異體・略體文字は正字體に改めるのを原則としたが、例外的に現行の字體を採用した場合もある。また下記に挙げた文字は、原本に従って異體・略體文字を殘した（括弧内は正字體）。

辞（辭）薗（園）与（與）条（條）仏（佛）弥（彌）万（萬）役（役）号（號）豊（豐）弁（辨）
台（臺）躰（體）峰（峯）宝（寶）乱（亂）渕（淵）柒（漆）旧（舊）軄（職）余（餘）帋（紙）
双（雙）粮（糧）塩（鹽）季（年）凞（熙）忩（怱）

一、釋文中に編者が加えた文字には次の符號を付けた。

〔　〕　校訂に關する注のうち、本文に置き換わるべき文字を含むもの。
（　）　校訂注・說明注。
○　長文にわたる說明注は文頭に○を付けて釋文と區別した。

一、釋文には新たに讀點（、）、並列點（・）を施した。

一、釋文本文に加えた符號は次の通りである。

□□□
[　　　]　闕損文字・難讀文字。
』　原本では改行していることを示す。

「　」（端裏書）（追筆）（別筆）（朱書）等の範囲を示した。

なお、（追筆）は本文より後に記された文字に用い、（別筆）は、（追筆）のうち別人の手になることが明らかである場合に用いた。

「　」　「　」中で、さらに範囲を區切る場合に用いた。

ｏ　補書の入るべき場所を示す。

▨　塗抹された文字。字畫の明瞭なものには、原字を〔　〕に入れて傍注に示した。

ミ　（文字の左傍）塗抹以外の抹消を示す（組版の都合により文字の右傍の場合もある）。

〔×　〕　文字の上に重ね書きにより原字を訂正していることを示す傍注で、原字の左傍に・を付け、右傍に付けた〔×　〕内に原字を示した。

⌒　合點。

┆　朱合點。

カ　編者の付けた注で疑問の残るもの。

ママ　文字に疑問はないが意味の通じがたいもの。

［　］　前闕であることを示す。

［　］　後闕であることを示す。

一、『平安遺文』『鎌倉遺文』『南北朝遺文』所收の古文書は、上欄にその書名・巻號（丸數字）・文書番號（漢數字）を注記した。ただしそれら諸書は、仁和寺御經藏第一五〇函以外の案文等によって翻刻している場合がある。そのような場合には注記の末尾に＊を付けた。

一、上欄には、本文の事實・事項の中で主なものを選んで適宜掲出した。

一、目次には各文書の文書番號・日附・文書名を掲げた。目次の日附は、年が月日の肩に来る附年號は〈　〉で囲んだ。本来日附を書く位置には記載がなく、端裏書等によって知り得るものはその部分を〔　〕で囲んだ。また編者において推定を加えた部分は（　）で囲んだ。未詳の場合は（年月日未詳）等と記した。

一、本書所收文書の印記には、「仁和寺」額型朱印と「眞光院」複廓長方朱印とがある。その寫眞を左に示しておく。

○「仁和寺」額型朱印（約二分の一）

○「眞光院」複廓長方朱印（原寸大）

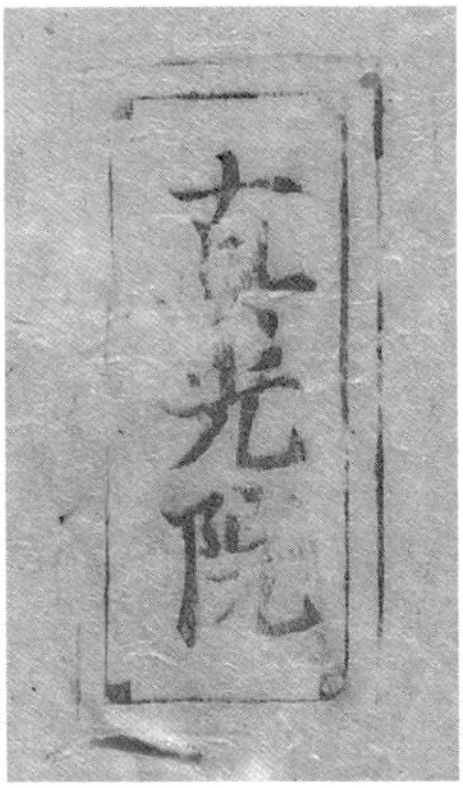

目次

巻頭圖版

序

例言

目次

釋文　仁和寺御經藏第一五〇函　自第一號　至第二一六號

一　大治三年十二月　日　平正頼所職譲狀……3

二　天承元年九月十五日　美作國留守所下文……4

三　（年月日未詳）　尾張國山名莊下司等解（前後闕）……5

四　康治元年六月十日　肥後國山鹿莊並美濃國市橋莊文書進上狀……7

五　仁安貳年二月廿八日　肥後國山鹿莊年貢米結解……8

六・四九　美濃國市橋莊重書案（中闕・後闕カ）……10

八六　文和二年十月十七日　室町幕府引付頭人奉書……154
八七　大和國中鳥見莊重書案……155
(1)　〈广永廿〉七月廿七日　室町幕府奉行人奉書案……155
(2)　广永廿六年十二月十七日　室町幕府管領奉書案……155
(3)　文和三年八月八日　室町幕府執事奉書案……156
八八　〔文和四年〕十月廿八日　後光嚴天皇綸旨案……156
八九　〈延文貳〉十月七日　後光嚴天皇綸旨案……157
九〇　〈貞治四年〉後九月卅日　後光嚴天皇綸旨案……158
九一　貞治五年九月廿九日　所領打渡狀……158
九二　應安七年十月廿六日　法印親□田地讓狀案……159
九三　永和二年後七月十八日　観音院見參料請取狀……160
九四　(年月日未詳)　美作國田中勅旨田文書目錄……161
九五　永和貳年丙辰十一月晦日　源氏女田地賣券……162
九六　〈永和四〉二月廿五日　後圓融天皇綸旨案……164
九七　康正三年七月二日　御所修理料段錢配符……164

一三二　應永十四年八月十日　室町幕府管領奉書案……198
一三三　應永十四年十月十五日　室町幕府管領奉書案……199
一三四　應永十五年正月八日　重堯公文職請文案……199
一三五　應永十七年十一月九日　室町幕府管領奉書……201
一三六　應永十八年八月廿七日　室町幕府管領奉書……201
一三七　應永十八年九月二日　丹波守護代細川賴益遵行狀……202
一三八　應永廿一年正月廿二日　赤松滿祐遵行狀……203
一三九　應永廿一年二月　日　仁和寺雜掌申狀案（土代）……203
一四〇　應永廿一年四月廿一日　音阿並毛利氏繩連署代官職請文案……205
一四一　美作國栗倉並讃甘重書案……206
(1)　應永廿一年六月十二日　足利義持御判御教書案……206
(2)　應永廿一年六月廿日　室町幕府管領奉書案……207
(3)　應永廿一年六月廿三日　美作守護赤松義則遵行狀案……207
一四二　應永廿二年十一月　日　眞光院雜掌申狀案……207
一四三　應永廿二年八月廿五日　公文法眼某奉書……209

一八五　康正貳年三月　日　某莊散用狀案……250
紙背　（年月日未詳）　佐久良爲道書狀禮紙……251
一八六　〈康正二〉六月廿日　仁和寺御室入道靜覺親王令旨……252
一八七　〔長祿元年〕十一月十五日　禪信書狀案（土代）……252
一八八　長祿三年十月一日　太田垣忠泰公用職請文……253
一八九　播磨國仁和寺領段錢文書案（後闕）……254
(1)　寛正四年六月廿九日　要脚段錢配符案……254
(2)　（年月日未詳）　勘料錢配符案（後闕）……255
一九〇　寛正四年十一月　日　御室雜掌申狀案……255
一九一　寛正四年十一月　日　御室雜掌申狀案……256
一九二　寛正四年十一月　日　御室雜掌申狀案……257
一九三　寛正四年十一月　日　御室雜掌申狀案……258
一九四　寛正五年二月廿五日　足利義政御判御教書……259
一九五　〈寛正六〉九月三日　室町幕府奉行人連署奉書……260
一九六　〈文正元〉十二月五日　室町幕府奉行人連署奉書……260

巻頭圖版目次

釋文

仁和寺御經藏 第一五〇函

自 第一號
至 第二一六號

一　平正頼所職讓狀　　一通

○竪紙、「仁和寺」額型朱印、縦三一・六cm、横五二・七cm、一紙、院政期、

（端裏書）「正頼讓狀」

讓与　二箇所事

美作國布勢社

安藝國賀茂郡志芳郷

右、件布勢社幷志芳郷、正頼』執行領知已經多年、今齡及』七旬、無指子息、而七郎君依有』事緣、成父子之約、仍件兩職永』所讓渡也、正頼一期之後、無他妨』可令領知者、所讓与如件、

大治三年十二月　日散位平（花押）

美作國布施社
安藝國志芳郷
七郎君ニ讓渡

美作國布施社
平正頼ハ死去
七郎ニ譲與

二　美作國留守所下文　　一通（圖版1）

○竪紙、「仁和寺」額型朱印、縦三一・四cm、横四五・二cm、一紙、院政期、

（端裏書）
「みまさかのしけう（執行）等」

留守所下　布施社

　可致沙汰社務執行事

右、今月六日御教書偁、布施社司』（平）正依〔頼〕朝臣死去了、而存生之時、所讓与』男字七郎也、件人隨候御室（覺法法親王）、然者』無相違如元可令執行者、仍任御教』書之狀、可致沙汰之狀、下知如件、』宜承知、依件用之、以下、

　　天承元年九月十五日

　　　　散位漆ー

　　　　　海ー（花押）

　　　　　藤ー（花押）

　　　　　物ー

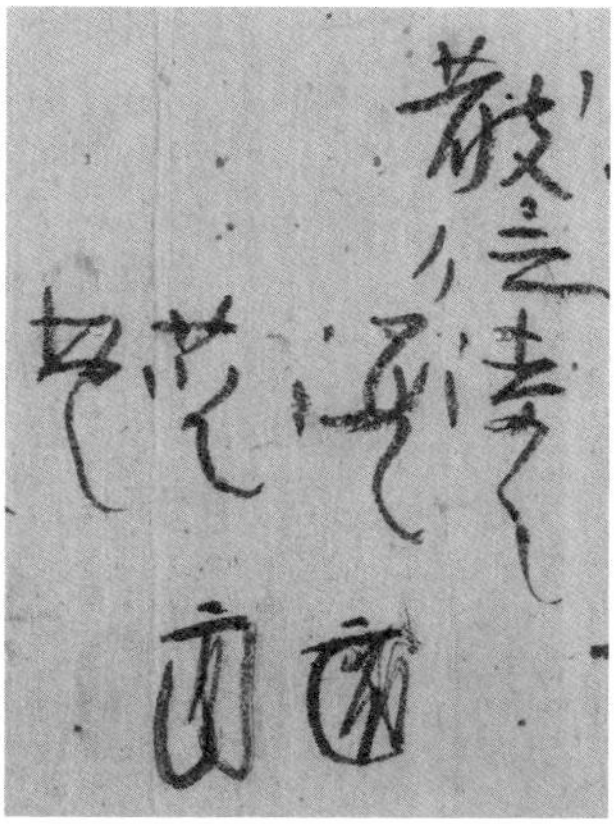

三乃ー（花押）

目代散位中原朝臣（花押）

……………………

三　尾張國山名荘下司等解（前後闕）　一通（圖版2）

○續紙、「仁和寺」額型朱印、縦三〇・六cm、横四八・二cm、一紙、院政期、
右端ニ繼目裏花押アリ、

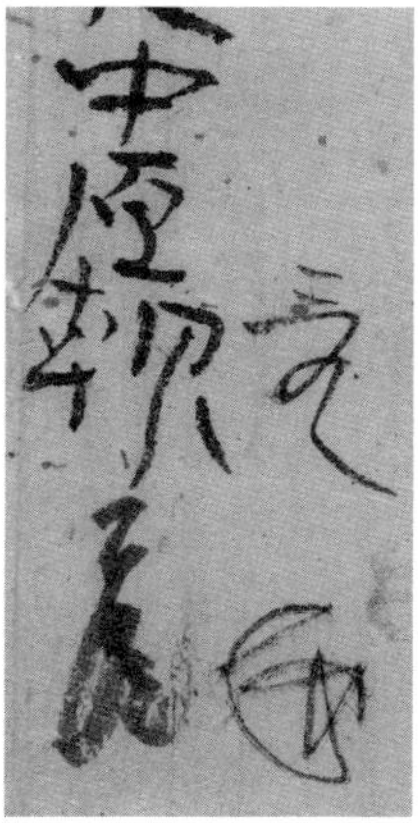

尾張國山名荘下司

「（別筆・外題）
三宅（花押）
藤原
散位中臣朝臣（花押）」

尾張國山名（丹羽郡）御庄下司等解　申請　國裁事

請任道理被裁定雜事二箇条狀

留守所目代ノ
爲ニ収公
山名入野畠

一、請任官符宣旨理被裁免、爲留守所御目代被收公御領山名入野畠』半分事

牓示
藤原經風、莊司ヲ停メラル
小弓莊加納ト號ス
官使
立券
尾張國堤田莊
智多郡
春部郡ノ田ヲ停ム
丹羽郡
宣旨ニ見ユ
官省符

副進宣旨幷官符立券案文各一通

右、件山名入野者、依一處同牓示之內也、隨卽年來之間、』爲御領全無他妨、而御庄前司藤原經風被停庄司之日、成』阿黨丹波守任、号小弓(丹羽郡)庄加納、一旦致牢籠、因茲故御室(入道性信親王)御』時、被奏聞　公家、下遣官使、堺四至打牓示、重以立券了、』其後敢無有牢籠、而留守御目代申云、於堤田庄者、被圓』轉智多郡已了、仍其外田畠者、專不可被領知者、付御目』代之說案事情、件庄本自在春部・海東・中嶋・智多・丹羽』四(ママ)箇郡、而依有便宜、停春部郡田、所被圓轉智多郡也、隨』卽　宣旨狀停春部郡、任本公驗、所被免除海東・中嶋・智多・』丹羽等郡也、竹帛不朽、可有何疑哉、稱丹羽郡者、卽山』名入野御領也、何乍置被停之春部郡、可被收公丹羽郡』內山名入野哉、其由見宣旨狀、就中於畠者、當國之例、不』謂領主尊卑、雖不申下宣旨、皆以領知、何況官省符之』處、何被載宣旨之後、還可被收公哉、凡可被收公者、申改』

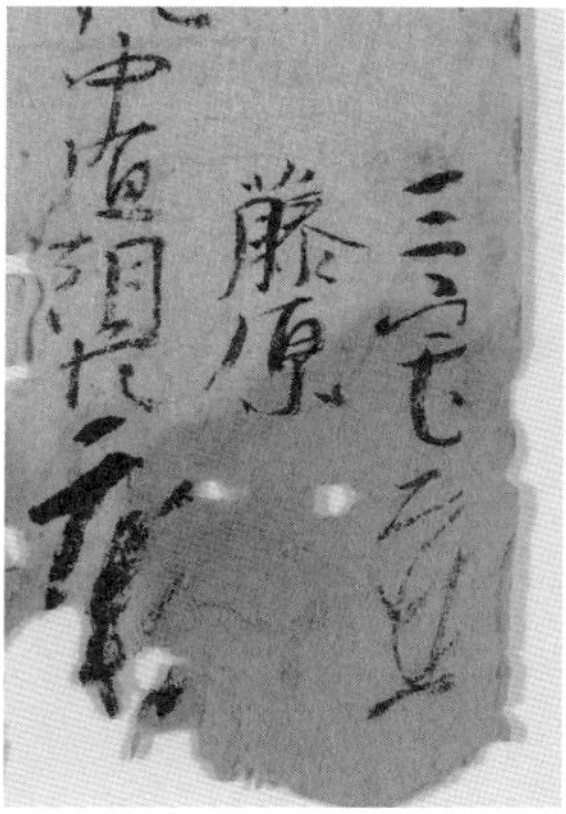

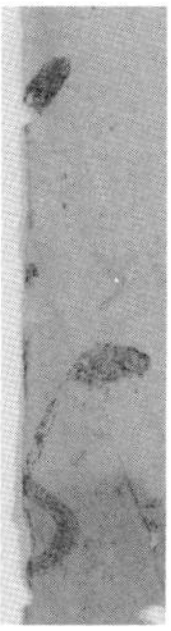

○繼目裏花押（右端裏）

四　肥後國山鹿莊並美濃國市橋莊文書進上狀　一通

○竪紙、「仁和寺」額型朱印、縦三三・四cm、横五六・四cm、一紙、院政期、

進上
　二箇所御庄年貢幷田數等注文
（山鹿郡）山鹿御庄田數注文壹通在貳枚、永久五年取帳（追筆）「同文書□入了、」
（厚見郡）市橋御庄桑木注文壹通在貳枚、大治元年帳（追筆）「同文書□入了、」
　　康治元年六月十日

五　肥後國山鹿莊年貢米結解　一通

○續紙、「仁和寺」額型朱印二顆、縦三二・〇cm、全長九八・四cm（第一紙四八・四cm、第二紙五〇・〇cm）、二紙、院政期、

（端裏書）
「領（ママ）所進未注文」

肥後國山鹿莊

注進　山鹿（山鹿郡）御庄御年貢米年〻結解事

應保元年

應保元年分　二百六十九石六斗進濟內、

領家分僧房修理

六十石御寺所濟、　五十二石　領家分、僧房修理募了、

造內裏料

百五十六石九斗造內裏料、　七斗未進

應保二年

同二年分　百四十二石二斗六升五合內

卅二石造內裏料、　卅三石五斗二升五合領家分、僧房修理成了、

大教院

七十六石七斗四升　大教院修理料但非御年貢、爲御庄加徵、政所御下文被成下了、

長寛元年

長寛元年分　九十八石內

長寛二年

廿五石御寺所濟、　五十二石　領家分、僧房修理募了、

十八石造內裏料、　三石　中納言法橋侍粮料但段米可募也、

同二年分　　百廿八石三斗內

卅五石御寺所濟、　廿五石段米、　領家分也、

南院檜皮

八石三斗南院修理料、檜皮進了、　四十石造內裏料、

廿石　御佛料物□

永萬元年

永万元年分　　百七十七石五斗內

廿石御寺所濟、　　十八石四斗四升五合广〔應〕保二年領家分、僧房修理募了、

五十二石長寛二年領家分募了、　(別筆)「僧房修理募了、」　五十二石仁安元年分、僧房修理領家得分募了、

廿三石二升五合造內裏、

(第二紙)

已上五个年支配

百四十石御寺所濟、　　二百六十石領家分、但僧房修理料募了、

二十石　御佛料物□□　八石三斗南院修理料、比皮直募了、

高遠
返抄

七十六石七斗四升非御年貢、大敎院修理料、二十八石段米、但領家分、
百八十三石造內裏、借上借下了、件代米造內裏料以未進內可返納之由所令存也、
幷合五个年所當千二百六十石內
所濟四百二十八石三斗
未濟八百三十一石七斗但庄未進也、
右、件運上米惣數、高遠所進上返抄顯』然候、隨又高遠加次目判了、不可
有相』違事也、先日永曆以後可沙汰之由、』依被仰下、任其旨所令注進候也、
恐ゝ謹言、
仁安貳年二月廿八日　能定

……………………

六・四九　美濃國市橋莊重書案（中闕・後闕カ）　一通

○續紙、「仁和寺」額型朱印二顆、第一紙（第四九號）縱三一・一cm、横四三・六cm、第二紙（第六號）縱三〇・六cm、横四三・二cm、二紙、鎌倉中期、繼目裏花押アリ（第一紙左奥裏、第二紙右端・左奥裏）、

(1) 美濃國市橋莊處分狀案（後闕）

○第六號（第二紙）ト第四九號（第一紙）ハ同一文書ト思ワレルニ依リ、ココニ纏メテ掲ゲル、

一條宮

處分　一條宮御前分

美濃國市橋（厚見郡）庄內貳所

莊內ノ內牧鄉

一所　內牧鄉

畠數貳拾貳町貳段佰捌拾步

河成

此內河成陸町伍段柒拾步

定殘拾伍町柒段佰拾步

桑代絹

桑代絹捌疋柒丈伍尺

此內御服伍疋

大敎院

大敎院一疋延定以貳疋可進、

私得分貳疋

但行一色時、絹拾柒疋柒丈、

此內除陸疋之外、拾壹疋柒丈、

荘内ノ別符郷

桑代絹

一所　別符郷

畠數參拾町陸段陸拾歩

桑代絹拾壹疋貳丈五尺

(2) 某置文案（前闕）

平安遺文⑩五〇四六

一條宮御前ニ奉ル

（第二紙）

このふたかうは、一条殿之みやこせん《（宮御前）》にたてま』つりたり、くはしくかきたるた□ふみに、ゑ』もんのすけ《（衛門佐）》はんせられたるふみはこゝに候也、』たつねとらせたまへ、

仁安三年三月廿日　　在判

(3) 某置文案

平安遺文⑩五〇五二

いそきてかみこそあやしけれ、されと』それにはよるまし、

わかみのあるをりにたにに、しとけなき事とも』のあれは、ましてなからんのちも、おほつかなけれは、』かさねて申おくなり、いちはし《（市橋）》の庄のうち、

たく女ニ奉ル

へふ（別符郷）』のかう・うちまき（内牧郷）のかう、これふたつにおきては、』たく女にたてまつりつるところなり、これよ』りのち、いかなる文いてくるにても、それにおきては』もちゐらるまし、ことものなかにもたかへら』れん人は、ふけうのうちにてそあらんする、

承安元年七月廿七日　　在判

阿闍梨傳燈大法師寛兼在判

○継目裏花押

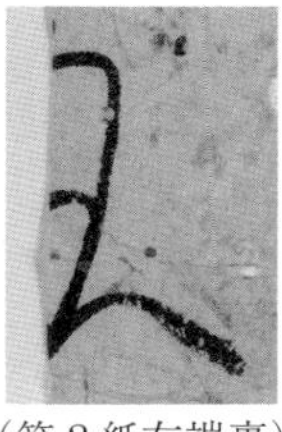

（第２紙右端裏）

（左奥裏）

七　周防國二嶋秋穂莊公文職重書案（前闕）　一通

○續紙、「仁和寺」額型朱印、縦三〇・五cm、横四〇・七cm、一紙、鎌倉後期、右端ニ継目裏花押アリ、

（1）二嶋秋穂莊公文職補任狀案（前闕）

（裏打紙端裏書）
「證文箱入之」

下、

承安元年十二月廿八日

預所

預所大法師在判

（2）二嶋秋穂莊公文職補任狀案

重村

補任　重村公文職事

（吉敷郡）
二嶋秋穂

右以人所令補彼職也、然者御庄官等宜』承知、敢不可違失、仍補任如件、

正治三年正月廿三日

預所右近將監藤原在判

（3）二嶋秋穂莊公文職補任狀案

下　二嶋秋穂御庄

錦重綱

定補　公文職事

錦重綱

右人、依爲相傳職、任父重村法師讓狀、所定』補也、庄官等宜承知、敢不可違失、故以下、

建長貳年正月廿八日

預所沙弥在判

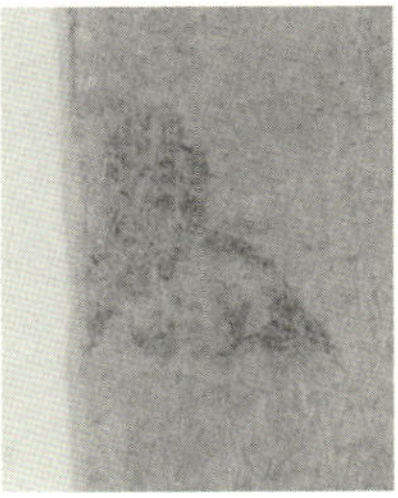

○繼目裏花押（右端裏）

……………………

越前國河和田莊

八　越前國河和田莊重書案　一通

○續紙、「仁和寺」額型朱印四顆、縦三〇・五cm、全長一九七・三cm（第一紙四八・七cm、第二紙五〇・八cm、第三紙四八・七cm、第四紙四九・一cm）、四紙、鎌倉後期、

○第一紙ハ第九七函ヨリ補ウ、

(1)**待賢門院廳下文案**
平安遺文⑤二三一〇
在廳官人
莊司・田堵

待賢門院廳下　越前國在廳官人幷河和田（今北東郡）庄司田堵等

藤原周子ノ寄文
國司廳宣
立券
位田

法金剛院懺法堂領
預所ハ周子ノ子孫

(2) **後白河院廳下文案**
平安遺文⑧
四一〇七

可令早使者相共、任藤原周子寄文幷國司廳宣旨、立券混合』本庄、致
年貢勤左衛門督家位田事
副下　國司廳宣幷周子寄文等、使公文左辨官史生中原資兼
右、件位田、依爲本庄公驗之內、重所令寄進也、早任領主寄文幷國』司廳宣之狀、令立券混合本庄、爲法金剛院懺法堂領、於年貢者』八丈絹伍拾疋・綿伍百兩、追年可令進濟、但於預所者、以周子〻孫、』永可令致沙汰之狀、所仰如件、在廳官人等宜承知、依件行之、不可違失、故下、

長承三年閏十二月十五日　主典代造酒正中原朝臣（宗房）在判

別當權大納言兼陸奥出羽按察使藤原朝臣（實行）在判　判官代勘解由次官兼信濃守藤原朝臣（親隆）在判
權中納言兼右衛門督藤原朝臣（實能）在判　散位藤原朝臣（宗長カ）在判

已下略之、

（追筆）「後白河」

女房美濃局紀家子

母ハ藤原周子

預所職ニ補任

院宣
御室下文

檢非違使友實、地頭下司ト稱ス

院廳下　越前國在廳官人幷法金剛院領河和田庄官等

可早停止檢非違使友實(藤原)濫妨、任相傳理、令女房美濃局(紀家子)預所職執行』庄

務事

右、彼局訴狀偁、件御庄者、當預美濃局親母藤原周子先祖相傳私領也、

而故』待賢門院御時、令寄進法金剛院御領畢、仍任道理、被補任預所職

之處、』檢非違使友實、背院宣幷御室御下文、橫稱地頭下司之條、其理豈

以可』□哉、濫妨之至、責而有余、永停止彼友實自由沙汰之由、欲被下

廳』御下文者、早停止件友實濫妨、任相傳理、永令美濃局預所職可令』執

行庄務之狀、所仰如件、庄官等宜承知勿違失、故下、

壽永二年九月廿七日　主典代織部正兼皇后宮大屬大江朝臣(景宗)在判

別當中納言兼民部卿藤原朝臣(成範)在判　判官代左衛門權佐藤原朝臣在判

已下略之、

(3)後白河院廳下文案

平安遺文⑩五〇八八

女房美濃局

木曾義仲

東國源氏

（追筆）「同」

院廳下　　越前國在廳官人等

可早停止地頭代僧上座濫妨、任相傳、令女房美濃局領掌法金剛院』領

當國河和田庄事

（第二紙）右、得彼庄官等訴狀偁、當御庄者、以當預所女房美濃殿親母藤原周子』

先祖相傳之私領、待賢門院御時令寄進法金剛院御領以降、雖經若干』年

序、依爲嚴重無雙御願御領、又爲　勅免重疊之地、代〻御室』御沙汰之

間、全無有牢籠、就中於地頭預所職者、以周子〻〻孫〻』永可傳領知之由、

成賜　待賢門院广〔廳〕御下文畢、而前伊与守（木曾義仲）謀叛之』間、始依致濫妨、以去

年九月比、早停止彼濫妨、任相傳之理、以美濃局』永可庄務執行之由、

重成賜　院广〔廳〕御下文畢、然間、今年正月廿日』東國源氏入路〔洛〕之後、如舊

隨本寺之下知、可停止狼籍之旨、依被〔×仰〕』下　院宣、存世間落居之由、庄

民令安堵之處、自去四月之比、追伊与』守濫妨之跡、号鎌倉殿勸農使

鎌倉殿勧農使
比企朝宗

字藤内(比企朝宗)之下知、稱地頭、字上座』乱入御庄内、背度々　院宣、横張行庄務、致自由之濫妨之間、有限』寺用已以闕怠、御庄拂地荒癈之条、狼唳之至而有餘、無道之』甚、何事過之哉、就中當御庄者、是當預所帶本公驗、代々相傳之』地主也、誰始離領家下知、可号地頭下司哉、勿論事歟、只所仰御』賢察也者、早永停癈無道自由地頭、任道理、以當預所使者令庄』務執行、可全寺役之由、爲被下院宣、勒狀謹言者、件庄者、相傳有』由緒、領掌無相違、早停止源家濫妨幷上座之狼藉、以美濃局、』可令執行庄務之狀、所仰如件、

元暦元年五月　日　主典代織部正兼皇大后〔后宮〕大屬大江朝臣在判

別當大納言兼皇居〔后〕宮大夫藤原朝臣(實房)在判　判官代宮內權少輔藤原朝臣(親經)在判

已下略之、

(4) 後嵯峨上皇院宣案

(追筆)「後嵯峨院」

尼心蓮
良忠法印

尼心蓮訴申越前國河和田庄事、良忠法印申状副解状・具書、如此、』任道理可有尋
御成敗候歟之由、御氣色候也、以此旨可令申入』給、仍執達如件、
（追筆）「謹上　大納言僧正御房　文永二 十二月四日」　（×中）權大納言顯朝（姉小路）

(5) 龜山天皇綸旨案
尼心戒

（追筆）「龜山院」
越前國河和田庄事、尼心戒申状副具書、如此、何様事候哉』之由、天氣所
候也、以此旨可令申入給候、仍執達如件、
文永十
四月四日　春宮大進經賴（冷泉）
大藏法眼御房

(6) 龜山上皇院宣案
折中ノ儀
奝助僧正

（追筆）「同」
（第三紙）河和（ママ）庄の事、折中の儀を奝助僧正に仰られ候き、』ちきにもんたうせさせ
給へき由、御沙汰にて候、御心へ候へし、』あなかしく、

文永七〔十一ヵ〕
十二月廿七日

○本文書、第四六號ニハ「文永十一」「院宣」トアリ、

(7)龜山上皇院宣案

僧聖蓮
奝助僧正

僧正海ハ尼蓮心ノ代官

僧聖蓮ハ相傳分明

〔追筆〕
「同」
越前國河和田庄聖蓮訴詔〔訟〕事、奝助僧正不及一度陳狀、依歷』年序、去弘安二年被止彼庄所務之處、抑而令知行云々、』自由頗過法歟、於正海者、爲尼蓮心代官、寫取文書案、致』沙汰之許也、無相承之所據、仍被止訴詔畢、於聖蓮者、被召』出文書正文之處、相傳分明候、凡窮民之愁訴、依難被』棄、如此及御沙汰之由、御氣色候也、以此旨可令洩申入給、仍』執達如件、

弘安五
七月廿三日　按察使資〔源〕平

內大臣法印御房

(8)龜山上皇院宣案

〔追筆〕
「同」
越前國河和田庄事、以所進之證文、雖被下尋奝助』僧正、不及陳答、依

歴年序、去弘安二〔年脱〕被止件庄務之處、抑而猶』知行、太濫吹也、且子細度
〻被申仁和寺宮（入道性助親王）訖、所證〔詮〕任文書』相承之理、早可令知行彼庄、於本所年
貢者、不可致懈怠者、』
院御氣色如此、悉之、
弘安五年十月廿三日　按察使（源資平）在判
聖蓮禪房

(9) 仁和寺御室入道性仁親王令旨案

聖斷アルベシ

「□□」（追筆）
越前國河和田庄事、任道理、可計沙汰之由、先日被仰下候了、』而聖蓮者、
帯文書雖訴申候、奝助僧正種〻歎申子細候、』□□所成敗頗難治候、宜在
聖斷候歟之由、可令洩　奏聞』給之旨、御消息所候也、恐〻謹言、
正應二
九月三日　權僧正禪｜〔助カ〕
謹上　前源大納言（雅言）殿

(10)後深草上皇院宣案

(追筆)「後深草院」
越前國河和田庄事、自本所可爲　聖斷之由被申』上、任相傳之理可被知
行者、　院宣如此、悉之、以状、
(第四紙)
正應二(年脫)十一月十二日　判(別筆)「雅言卿」

聖蓮御房

(11)伏見天皇綸旨案

越前國河和田庄、任相傳可被知行、依』
天氣執達如件、
永仁五年八月一日　左大弁顯家(四條)

聖蓮上人御房

……………

九　紀伊國濱仲荘重書案　一通

○竪紙、「仁和寺」額型朱印、縦二七・一cm、横四四・四cm、一紙、室町前期、

高野金剛心院幷紀伊國濱仲庄（海部郡）、』義仲（木曾）申請之間、不知子細、給下文於明信』
先了、然而彼御仏事尤有其恐之上、』義仲已去申了、早如元可有御知行』之
由、可令披露給者、依　攝政殿普賢寺（近衛基通）』御氣色、執達如件、
（別筆）「壽永二年」
　後十月廿二日　　左少弁（藤原光長）在判
謹上　大夫已講御房

紀伊國濱中庄地頭濫妨事、止其妨、可令所務由、』可有御下知旨、』
天氣所候也、以此旨、可令（ママ）仁和寺宮（入道法守親王）給、仍執達如件、
　元弘三年七月十四日　左少弁宣〔明〕清（中御門）
謹上　大敎院（禪隆）法印御房

……………

一〇　山氏女所職譲狀

一通　（圖版3）

(1)**攝政近衛基通御教書案**
平安遺文⑩五〇八五
高野金剛心院
木曾義仲

(2)**後醍醐天皇綸旨案**
地頭濫妨

鎌倉遺文①一六二＊

美作國布施社平正頼ヨリ伊賀法橋讓得ラル

御室覺法法親王ニ寄進

預所職

山氏女

下司地頭職

契狀

宮廳下文

○竪紙、「仁和寺」額型朱印、縦三〇・六cm、横五三・五cm、一紙、鎌倉前期、

（端裏書）「布施社讓狀」

（花押）

讓与　所領美作國布施社一處事

右件社、自兵庫大夫正頼（平）之手、故伊賀法』橋被讓得、令寄進高野　御室（覺法法親王）、爲預』所之職數十年知行畢、法橋逝去之刻、』令讓与後家、讓与後家又孫女子、自件女』子之手、依爲事緣者讓得山氏女知行之』間、平家之時依不慮之外妨出來、故　中』納言法橋御房奉寄預所之職於自身』者、爲下司地頭之職、雖經子子孫〻、代代不』可更相違之由、進契狀又給畢、且又不□』相違令申下　宮廳御下文了、法橋御房御』一期之間、敢無御違背、御逝去刻、依令御子息』御座、預所之職令奉讓大夫禪師殿御了者、已』任御契狀之旨、無敢相違歟、爰山氏女年漸』老、衰耄經日增、雖無競論之輩、末代作法』依有不

嫡女源氏手繼文書・公驗

慮之外恐、相副只一人嫡女源氏於次第手』繼文書・公驗等、永所讓与申也、

至于下司地頭之職者、』敢不可有他妨之狀如件、以讓与、

文治貳年八月　日　山氏女（花押）

（花押）

……………………

一一　近江國相撲庭莊田畠所當注文　一通

○竪紙、「仁和寺」額型朱印、縦三〇・三cm、横四九・〇cm、一紙、鎌倉前期、

近江國相撲庭莊

（坂田郡）相撲庭御庄

注進　田畠幷所當物等事

合貳拾肆町參段佰玖拾歩

田十七丁
除三丁七段加神田幷御佃・不輸川成等定、
定得田十三町三段
所當米六十六石五斗段別五斗

鎮守六座大明神

除三石　鎮守六座大明神上分米
定米六十三石五斗
畠七町三段九十歩

大豆

所當大豆七石三斗五升段別一斗

小豆

同段米小豆七斗三升五合段別一升
幷
七十一石五斗八升五合内
米六十三石五斗　　大豆七石三升五合

白苧

小豆七斗三升五合　　白苧百兩在家二十宇進、

干藍一石同　　紫一石同
苅安百把同　　五節供同
盆供同　　宿直人十个月懃、月別一人、各十五个日役、四五兩月不懃、
右、注進如件、
建仁二年正月　日　公文大伴則安上（裏花押）

一二　肥前國藤津莊年貢注文（後闕）　一通

○續紙、「仁和寺」額型朱印、縦三四・一cm、横五六・五cm、一紙、鎌倉前期、

（端裏書）「藤津庄御年貢注文建永元年十月十五日遣坊門大納言（信清）許案文也、」

藤津（藤津郡）庄田數所當幷恆例課役

田數

絹
桑
織布
花
蘇芳
紫草
甘葛

見作六百八十二町八段一丈

(追筆)「年貢」
所當

正米九百二十六石九斗四升
町別絹五百廿疋四丈四尺四寸
副凡絹百九疋四丈八尺六寸
桑代八丈絹百九疋五丈九尺八寸
織布百八十二段二丈六尺
花代布十五段二丈
蘇芳八百六十七兩三分三朱
紫草百七十三把四分
甘葛二斗六升四合二才

……………………

一三　良秀下司職讓狀（後闕）　一通

○續紙、「仁和寺」額型朱印、縱二八・九cm、横四三・二cm、一紙、鎌倉中期、

（端裏書）
「故御房讓狀長庵ニ書加間、書分テ記、
布施社讓狀書分建長□〔七ヵ〕年十月　日威儀師知幸」

一、美作國布施社事
件社下司職者、任先祖相傳、成賜』
宮廳御下文、所令領掌也、且　故御室〔道法法親王ヵ〕御』時、重ゝ有御沙汰、親父社務
事明白也、』預所職者、良秀依奉公之勤勞、□□□□』賜也、而於當社者、
讓賜龜夜叉丸者也、但』彼男成人之間、松夜叉社務、云御年貢云』課役、
無懈怠可致其勤、抑爲良秀之子□』知行御領之輩者、以奉公可爲先、而
器』量不堪存外事出來之時、稱帶讓狀』之由、不可寄附他人、若然者、申
入事由』於御所、松夜叉可進止也、又心操如本意』祗候御所、於致奉公者、

美作國布施社
下司職
預所職
良秀
龜夜叉丸
松夜叉

兄弟和合、更不』可有其妨、次第文書等可辞与龜夜叉』也、

貞應二年四月八日 □

一四　美作國豊福南莊實檢名寄帳（後闕）　一通

○續紙、「仁和寺」額型朱印、縱二五・九cm、横三一・七cm、一紙、鎌倉中期、

（端裏書）
「豊福庄地下文書案 四条殿隆□妹厩御方□⌈ 文書□〔宣カ〕□□院殿御恩人也、」

美作國豊福南莊 嘉禎三年

注進
美作國豊福（英多郡）南庄嘉禎三年實檢名寄帳事
合
物田數二十九丁貳段大四十三歩內
除

荒卷大明神ノ神田

二丁五反大十歩　荒卷大明神大神田

下司職
公文給
惣追捕使給
定使給
保頭給
檜物給
深草給

三丁　寺免
四反三百二十歩　小神田
二丁　下司給
一丁　公文給
三反　惣追捕使給
一反　定使給
一反　保頭給
一反　檜物給
一反　深草給
□□〔反〕　井〔料〕□

一五　仁和寺御室道深法親王令旨

一通（圖版4）

鎌倉遺文⑦
五二〇四

○竪紙、「仁和寺」額型朱印、縦三四・二cm、横五七・三cm、一紙、鎌倉中期、

（端裏書）
「新井庄」

但馬國新井庄（朝來郡）、宜爲』預所職令知行給』者、依　御室御氣色、』執達如件、

嘉禎四季正月廿四日　法印（花押）奉

南勝院
謹上　中納言（清嚴）僧都御房

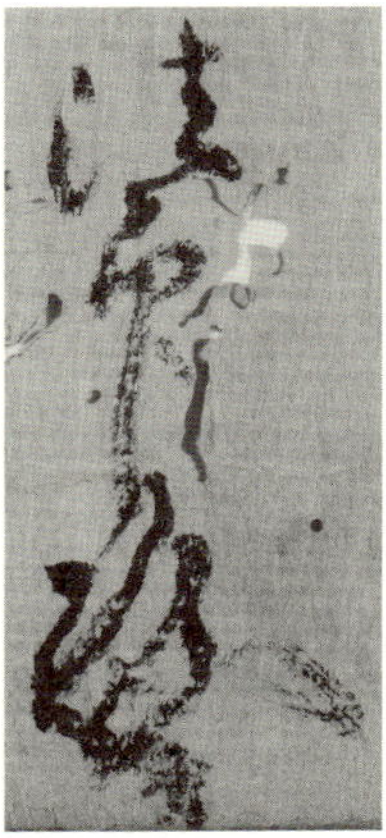

一六　攝津國寺邊村作田所當米散用狀　一通

○續紙、「仁和寺」額型朱印二顆、縦三一・〇cm、全長一〇〇・〇cm（第一紙五〇・三cm、第二紙四九・七cm）、二紙、鎌倉中期、

（端裏書）
「寺邊村所當注文仁治二年」

（第二紙端裏書）
「寺領日記」

（嶋下郡）
寺邊村

河成荒田

鳥居宮

延福寺
白牛寺

西方寺
觀音大門

修正壇供

如法佛供
檢校供

注進　仁治二年作田所當米散用事

合

本田拾陸町肆段拾伍代貳拾肆歩

河成荒田三段廿五代寛喜以後、

除田九段廿代

四个大歳田二段半　鳥居宮神田二段

延福寺一段廿代　白牛寺二段

西方寺半　觀音大門一段

定田十五町一段廿代廿四歩

所當米四十五石四斗四升六合七勺段別三斗

例立用米卅一石九斗六升八合三勺

寺用米十石　修正御壇供料八斗餅八十枚料

如法佛供一斗　檢校供米七石

所司供米九石
正上座三石　　正寺主一石五斗
正都維那三石　　權都維那一石五斗

綿

御綿卅八兩一分五朱除所司免三町六段十二歩定、段別一分二朱

（第二紙）

料米一石二升八合三勺兩別四升

干蒭

干蒭二千七百把食料三斗六升

井料

井料三石一斗七升
御米十三石四斗七升八合四勺
正米十二石三升五合
賃米一石四斗四升三合四勺名別一斗二升

修理料

御修理料拾陸石四斗余

右、大略注進如件、

仁治二年十一月　日　田所法師（花押）

公文法師（花押）

一七　後嵯峨天皇綸旨案　　一通

○竪紙、「仁和寺」額型朱印、縦二三・九cm、横四一・〇cm、一紙、室町後期、

……………………

大和國（添下郡）中鳥見庄事、爲宜秋』門院御寄付之地、當知行』無相違處、、、以下

略之、

寛元二年八月廿二日權右中弁定頼（藤原）

理證院法印御房

……………………

一八　越中國石黒莊弘瀬鄉內檢目録　　一通

○竪紙、「仁和寺」額型朱印、縦二三・九cm、横四七・三cm、一紙、鎌倉中期、
下部闕損、

大和國中鳥見
莊
宜秋門院

（端裏書）「目六（別筆）「廣瀬鄉」

越中國石黑荘
弘瀬郷
內檢

神田

若宮
梅宮

溫沸宮
天滿

高宮
小白山

六呂師
紙免

寶治檢注目六」

（礪波郡）
弘瀬郷

注進　寶治二年內檢田數平□

合見作田肆拾壹町貳段伍拾歩

除田十九丁四段

神田五丁七反

若宮二丁　梅宮一丁□

溫沸宮一丁　天滿七□

高宮三反　小白山二□

人給田五丁九反

京下使二丁　千手丸二丁

地頭一丁　公文六□

六呂師一反半　紙免一反半

御内免四丁七反
佃
領家御佃三丁一反
定田二十一丁八反
新田
新田四丁四反九十歩
勸農田
勸農田五丁八反小四十歩
右、注進如件、
寶治二年十一月　□

……………………

周防國二嶋秋穗莊

一九　周防國二嶋秋穗莊具書案　一通

○續紙、「仁和寺」額型朱印三顆、縦三一・四cm、全長一五二・二cm（第一紙五二・二cm、第二紙五二・三cm、第三紙四七・七cm）、三紙、鎌倉後期、

（端裏書）
「□□所進具書」

(1)仁和寺御室道深法親王令旨案

重宗被追出御領内御教書案

重宗

二嶋（吉敷郡）重宗名間事、彼男身誤年〻事舊了、而新』名主沙汰、于今不落居之条、重宗成濫妨故云〻、返〻』奇怪被思食候、此条又公文以下沙汰人不致其沙汰

破却住宅

事、』偏不存公平之所至〔致〕歟、甚爲不便次第、所詮件重宗』且爲傍輩向後、速□〔追〕出庄內、令破却住宅、自今以後』可被停止出入也、此上更不可有宥沙汰之議之由、御氣』色所候也、仍執達如件、

正元〻年
正月廿日　　　　法橋在判

禪良房都維那師御房

(2)周防國二嶋秋穂荘名主職充行狀案

重宗名依頭（ママ）充給下文案

充行　二嶋秋穂御庄內

重宗名名主職

可爲早重宗名〻主職事

上依頭

上依頭

右、重宗始自御年貢至于色〻物等、致不法未進之間、』改彼職、以依頭所定

鹽濱

補也、於自今以後者、田畠幷塩濱』等、停止重宗沙汰、偏依頭令進退領掌、有限御』公事以下恆例臨時課役、無懈怠可致其勤、仍充』行□

（第二紙）

正元〻年九月七日　公文

預所在判

（3）仁和寺御室入道寛性親王令旨案

貴志六郎、初若丸ノ代ト號ス

罪科人重宗之末孫

初若丸濫訴被棄置御教書案

二嶋秋穂庄公文職事、貴志六郎号初若丸代、申』子細之間、被交合正應年中之覺範之文書處、無』指篇目之上、初若丸爲罪科人重宗之末孫、奸謀之』企、旁非御沙汰限之間、不及被下申狀於重頭（ママ）、所被棄』置訴詔〔訟〕也、以此趣、可令下知給之由、可申旨候、以此旨、可』令御意得給候、恐〻謹言、

延慶二年六月三日　宗賀奉在判

順養御房

(4)快増奉書案

同御施行案

當御領公文職、初若丸雖令望申、被棄置訴詔之由』事、御教書如此、今度
御沙汰之次第、忝御計候歟、』可爲向後之龜鏡之間、故被下遣御教書之正文
之』由、可申旨候、恐々謹言、

延慶二
六月三日　　快増奉
在判

二嶋御□公文左衛門尉殿

(5)王重宗所領譲状案

□案

□村十三个所事

□□〔南〕限井上

（第三紙）

西限藥神前　北限黄坂

鶴王

右件所者、王重宗重代相傳之所領也、然間童名鶴』王仁、限永代讓与所實

正也、たとい余子雖有、鶴王たの』さまたけなく可令領知處也、仍爲後日
證文、讓狀如件、
正嘉貳年丁巳（ママ）六月十日　王重宗在判

(6) 王重宗公文職讓狀案

莊内ノ天田村

行政備進讓狀案

讓与　童名鶴王所
周防國二嶋之御庄天田之村十三个所公文職事
東限木船　南限井上
西限藥神前　北限黄坂
右件所者、重宗か住〔重〕代相傳之所職也、然間童名鶴王仁、』限永代於讓与所實
正也、たとい余子雖有、鶴王たのさ』またけなく可令領知處也、依爲後證
文、讓狀如件、
正賀〔嘉〕貳年丁巳六月十日　王重宗在判

二〇　仁和寺自性院重書案（前闕）　一通

○續紙、「仁和寺」額型朱印六顆、縦三〇・六cm、全長二六一・八cm（第一紙二四・四cm、第二紙四九・〇cm、第三紙四八・七cm、第四紙四三・八cm、第五紙四七・九cm、第六紙四八・〇cm）、六紙、南北朝、
○現状ハ貼継ニ錯簡アリ、第四紙・第六紙・第五紙・第一紙・第二紙・第三紙ノ順ニ貼継ガレテアリ、

(1)法印奝尊坊舎等譲状案（前闕）
青木莊
大鳳寺
聖宴僧都ノ契状

文籍・此坊舎・青木庄等、奝尊入滅』後者、可令管領給候、大鳳寺事、聖』宴僧都契状分明候、不可有相違候』也、聊有所存兼申置候也、恐々謹言、

文永八年五月三日　奝尊判

内大臣（宣忠）僧都御房

(2)僧正良圓所領等譲状案
自性院門跡

（別筆）
「四」
自性院門跡本尊・聖教・世間出世』具足・文書・記録等、悉讓進候、

山城國三栖莊

備中國巨勢莊
前大僧正道勝

僧正道耀

勝寶院

安樂壽院
播磨國三木村

（第二紙）大鳳寺ゝ邊幷寺領三栖庄（山城國紀伊郡）名田等、』相副證文讓進候、
備中國巨勢庄（上房郡）地頭・預所兩職、者、勝寶院故』前大僧正道勝、被讓与祖師奝尊法印』候
之間、代ゝ相傳候、仍相副讓狀以下證文』奉讓候、但當僧正道耀、門跡牢籠
之時、』爲報師匠之恩德、當庄年貢過半者、』進勝寶院事候き、於今任舊例、
一』圓可令知行給候、且此子細申合僧正候之』處、不可有子細之由、被許諾
候了、此上者、』一圓不輸之儀不可有相違候、當庄預』所幷久氏名可相傳之
由、仰含泰全候、』無別罪科者、不可◦有相違候、圓全・慶玄等所』帶等同前候、』
安樂壽院供僧職料所幡〔播〕磨國三木村（美囊郡）、依大功門跡』相傳候、可令存知給候、
出世事、可被加扶持之由、申置僧正候、良圓』相承之法流等、可令寫瓶給
候、安〔毎〕事奉』附屬之狀如件、（第三紙）

乾元二年四月七日　　良圓判

大納言禪師（良耀）御房

(3) 自性院雑掌僧宗紹重書紛失狀案

備中國巨勢莊文永八年・九年・乾元二年ノ讓狀等、泰全法師盗ミ取ル

立申　紛失狀事

右、仁和寺自性院者、尊勝院僧正坊(良耀)御相傳所也、』而彼門跡領備中國巨勢庄文書內、文永八年四』月十一日勝寶院僧正坊道勝、讓狀・同十三日彼弟子』僧正坊道耀、請文・同九年正月四日奝尊法印讓狀・同』八年五月三日同法印門跡讓狀・乾元二年四月七日』先師僧正坊良圓、讓狀幷大鳳寺本文書等、去正和』年中泰全法師盗取之間、自堀河故內大臣(具親)家御紏』明之時、泰全雖出承伏狀、終不返進件文書等、』爰當院家不慮依有違乱之子細、雖閣之、任相傳』道理、今年六月三日預安堵　聖斷、御管領如本』雖無相違、後代若帶彼文書、有致謀訴之輩者、』定忽爲門跡牢籠歟、所詮且件文書〔×等〕案文被封』裏、被准正文、且申請寺家人々幷諸官證判・別當』宣等、欲備向後之龜鏡、仍紛失狀如件、

曆應四年八月　日　　雑掌僧宗紹判

件（第四紙）御文書紛失事、去』正和之比、泰全法師依盜』取數通本文書等、堀川』故
內大臣家御糺明之時、』雖出承伏狀、終不返進』彼文書、仍紛失之段無相』違
之間、爲後證加暑〔署〕判』而已、

威儀師増縁判

惣在廳威儀師相暹判

法　眼任全判

（第五紙）件文書紛失事、無相違之』間、爲後證加愚暑而已、

法印權大僧都良譽判

件文書紛失事、仁和寺惣』在廳威儀師相暹等證判分明之』間、加愚暑而已、

明法博士兼右衞門大尉尾張權介中原朝臣（章有）判

彼文書紛失事、傍輩證』判炳焉、仍並愚暑而已、

左衞門少尉中原朝臣（章世）判

件文書紛失事、面〻證判之間、』同所加愚暑也而已、

防鴨河判官右衛門大尉中原朝臣（秀清カ）判』

（第六紙）
彼文書紛失事、傍輩證』判炳焉、仍並愚暑而已、

修理左宮城判官左衛門権少尉中原朝臣（章兼カ）判

件文書紛失事、傍輩』證判灼然之間、加愚暑而已、

大判事兼明法博士左衛門大尉坂上大宿禰（明成）判

(4) 勝寶院僧正道耀書状案

自性院門跡事、僧正（良圓）御房附屬狀』加一見候了、任被申置之旨、巨勢』庄以下事、安事不可有相違候、向後』可令存知給条〻事、先日所令進』僧正御房之見道耀返事候歟、守』其旨、不可令違越給候、謹言、

乾元二年

四月十二日　勝寶院僧正 道耀判

尊勝院　良耀

大納言禪師御房

……………………

二一　肥前國藤津莊布施料進納注文　一通

肥前國藤津荘

成就院

紙

折敷
結緒色革

志保田方

懸盤饗料

能古見方

○竪紙、「仁和寺」額型朱印、縦三五・〇cm、横五三・八cm、一紙、鎌倉中期、

(端裏書)(別筆)
「藤津「肥前國」」

藤津(藤津郡)庄役

正月十五日成就院御布施事

合

絹柒疋　　綿柒拾兩

捧物布玖段　　上積紙肆拾貳帖

下積小紙柒佰帖　裏紙壹帖

長折敷拾肆枚　　結緒色革貳枚

已上志保田方分、但去寛元年中相談彼院奉行』公文、以代付令定之後、

毎年錢拾伍貫所送進也、』此外參佰文催使料相副致沙汰者也、

懸盤饗料肆石貳斗（廳宣旨斗定、此外車力使料錢百文給之、）

能古見方分也、但或見米或代錢、依折節沙汰之、其子細』請使与令相

談者也、

右、注進如件、此事毎年以廻文被相催之、凡如此事、』以代致沙汰傍例多之歟、

文永七年二月　日

………………………

二三　宗秀所職讓狀（後闕カ）　一通

○續紙、「仁和寺」額型朱印二顆、縱三一・三cm、横四九・八cm、一紙、鎌倉中期、朱印ノ一顆ハ左奥端裏ノ紙繼目痕上ニアリ、左半ノミヲ存ス、

○新訂作陽誌第三卷・大庭郡神社部所引ノ當文書ニハ、左奥ニ「進上　空行御房」トアリ、

（端裏書）
「宗秀寄進狀」

美作國布勢社下司幷社務者、宗秀之』重代相傳職也、而先年比、病惱之時、折』節依奉公仕御所、無子息、可寄進』彼所於御所之由申入畢、而程自』去年十一月十八日沈重病數月、於今者』難脱罷成之間、所令進上次第文書』等

下司・社務職ハ後家一期

貞末名

御所候也、但於下司幷社務職者、』後家一期不可有相違候、進上文書等』之上者、不可有御不審候者也、宗元金谷、』宗忍分貞末名、各一期無相違可有御』計候、就中彼貞末名者、自亡祖母之』時、爲別名所成人給也、旁可然之樣、』可有申御沙汰候也、恐惶謹言、

文永九年三月廿八日　　宗秀（花押）

……………………

二三　行種屋敷充行状　一通

○竪紙、「仁和寺」額型朱印、縦二八・六cm、横四二・三cm、一紙、鎌倉中期、

紀伊國濱仲荘

充行　（紀伊國海部郡）濱仲庄伊与垣□〔内カ〕屋敷

可爲早以頼直光義房、地士事

右、依爲親父遺跡、帯本劵致訴詔〔訟〕』間、任道理可充行之由、所被仰下也』者、早未來永代相傳領知、全不可』有他妨、仍相副御下文、放充文之状』如件、

文永十年癸酉五月十八日　行種（花押）

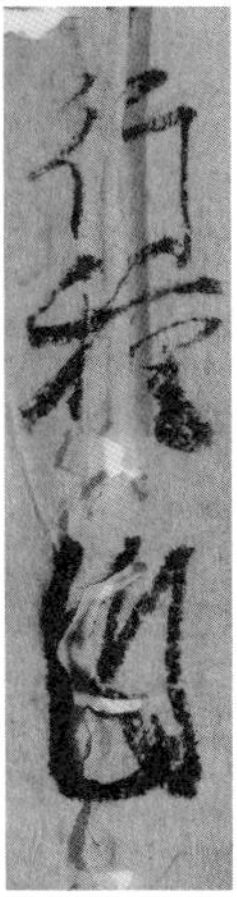

二四　關東下知状案　　一通

○竪紙、縦三四・一cm、横五二・〇cm、一紙、鎌倉中期、

勝寶院領タルベシ
備中國巨勢莊預所・地頭職
根本寺領武藏國六連莊ノ替

（端裏書）
「關東御下知案」

可如元爲勝寶院領、備中國』（上房郡）巨勢庄預所・地頭兩職事

右、依爲根本寺領、武藏國』（久良郡）六連庄之替、所被返付也者、』依鎌倉殿仰、下知如件、

建治三年十一月十三日

相模守平朝臣（北條時宗）在判

一三一〇四

二五　越中國石黑莊高宮村地頭藤原朝定和與狀　一通

○竪紙、「仁和寺」額型朱印、縦三六・七㎝、横五五・三㎝、一紙、鎌倉中期、

越中國石黑莊弘瀨鄉領家高宮村地頭

和与

圓宗寺御領越中國石黑（礪波郡）御庄内弘瀬郷領家与同郷内高宮村地頭』左近次郎

朝定、依所務相論、就領家御訴詔〔訟〕、於二番御引付及訴陳』条々事

一、神田事

一、領家御年貢未進事

一、市事

一、林事

右、於条々訴詔者、雑掌止訴詔畢、

平民百姓野老名

一、平民百姓末遠・宗眞・助依、兩方可召仕万雑公事者也、但於野老名

者、』可爲雑免、有限於御服所當者、可致弁領家御方、

安丸名

一、安丸名事

右、兩方雖申子細、就和与狀、以弥源太作三段大參拾歩・中二郎作參段幷』上田內苅田跡六百束苅、令去上者、當年弘安元、作毛同所付渡也、

一、新田事

寶治ノ帳

右、所載于寶治帳之上田分者、可被固目六、

一、野畠事

右、四至內限東吉江堺、限南一澤藥師堂北堀、限西赤熊大道、限北通山田』大道、於此四至內者、可爲領家御分也、

右、兩方条〻、雖及訴陳、就和与之儀、雜掌方被止訴詔之上者、不及鬱』申、但背和与之狀、至堺於令致違乱者、互可取其分限、仍和与之狀』如件、

弘安元年七月五日　藤原朝定（花押）

二六　越中國石黑莊弘瀨鄉東方地頭藤原光定和與狀　一通

○竪紙、「仁和寺」額型朱印、縦三六・七cm、横五三・八cm、一紙、鎌倉中期、

越中國石黑莊
弘瀨鄉領家
東方地頭

和与

圓宗寺御領越中國石黑（礪波郡）御庄內弘瀨鄉領家与同鄉東方地頭藤三郎』光定、依所務相論、就領家御訴詔〔訟〕、於二番御引付及訴陳條〻事

一、神田事

一、領家御年貢未進事

一、山手・河手事

右條〻、雜掌止訴詔畢、

來仁名
又四郎丸名

一、平民百姓等、夫領・番頭二名者、兩方可召仕万雜公事者也、但至平』民跡名主分者、有限於所役者、可隨領家御方所勘、次來仁名』田・又四郎丸名內田壹段小、爲雜免、有限於御服所當者、可致弁』領家御方也、

一、在家拾壹宇任雜掌方注文定、

御出居野

香城寺

阿土野

梅宮

一、田參段貳拾歩任雜掌方注文定、

一、御出居野畠

四至　限東自來光本宅、至于正二郎私宅、限南自正二郎私宅、至于山』道於於(衍)三郎入道垣根、限西自三郎入道垣根、通香城寺道而』至于野口、限北自野口、至于來光本宅、此內除各別名主分畠、

一、阿土野內畠

四至　限東自堀波多、至于梅宮前、行天滿之道、限南自梅宮北道、』至于与一入道東、限西太海大道、限北自紀四郎南道、通于東』至于堀波多、

右、兩方條〻、雖及訴陳、就和与之儀、雜掌方被止訴詔之上者、不□〔及カ〕』鬱申、但背和与之狀、至于堺於令違乱者、互可取其分限、仍和与之狀』如件、

弘安元年七月五日　　藤原光定(花押)

二七　某袖判御教書 …………… 一通

○竪紙、「仁和寺」額型朱印、縦二八・七cm、横四〇・〇cm、一紙、鎌倉中期、
繼目裏花押二種アリ、モト連券、

相傳ノ證文

莊家

雜免

（花押）

こんのつかさの事、さうてんの』せうもんにまかせて、御下ふみをなし』つかはされた〔×な〕り、いそき〳〵しやうけに』ひろうせられ候へく候、もしさゝへ』申ともからもいてきたり、又かきり候』さうめん壹ちやうをも、さまたけ申』もの候はゝ、御つかひをくたされ候て、むかしの』ことくにさたしつけられ候へく候、いかにも〳〵』その時は申され候はんにしたかいて、』御

さたあるへく候、かやうにはおほせられ候』なから、もしさうゐのと候〔こ脱カ〕は、、上さ』まへもすくにうたへ申され候へく候、』ゆめ〳〵しさいを申さるましく候、』このよしを申付られ候、あなかしく、

こうあん（弘安）九ねん閏十二月廿九日

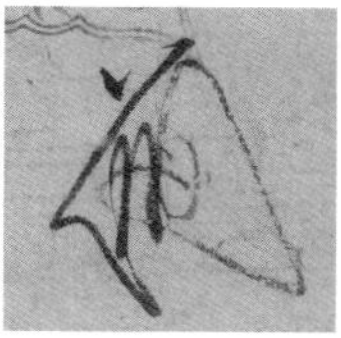

（袖判）

○継目裏花押

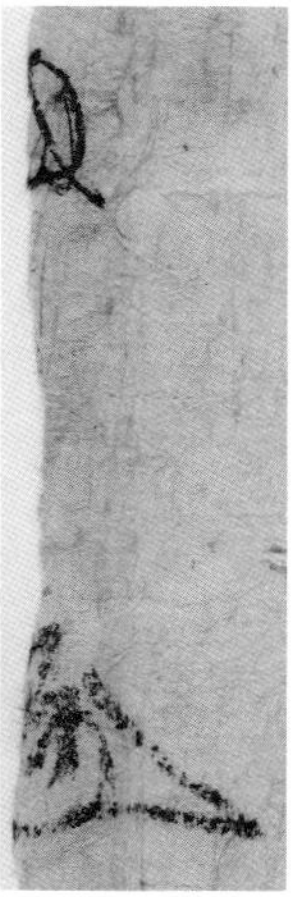

（右端裏）

（左奥裏）

……………………

二八　攝津國忍頂寺重書案　一通

○竪紙、「仁和寺」額型朱印、縦三三・六cm、横五二・〇cm、一紙、鎌倉後期、

(1)關東御教書案

（端裏書）「關東返事案三通」

攝津國（嶋下郡）忍頂寺事、可爲　聖斷之由所候也、』恐惶謹言、

（追筆）「正應四」
四月六日　陸奥守（大佛宣時）在判
相模守（北條貞時）在判

(2)關東御教書案

攝津國忍頂寺事、如先度御返事、可』爲　聖斷之由所候也、恐惶謹言、

（追筆）「永仁二」
二月十七日　陸奥守在判
相模守在判

(3)關東御教書案

攝津國忍頂寺事、可爲　聖斷之旨、兩』度御返事候了、任道理、定被經御沙汰』候歟之由所候也、恐惶謹言、

（追筆）「永仁五」
六月二日　陸奥守在判
相模守在判

……………

二九　土佐國安田莊下司佐河盛信和與狀案　一通

○續紙、「仁和寺」額型朱印二顆、縦三三・八cm、全長一〇四・五cm（第一紙五二・五cm、第二紙五二・〇cm）、二紙、鎌倉後期、

土佐國安田莊雑掌・下司

下司一圓不輸領

領家分

井溝修治ハ先例ニ任ス

（端裏書）「□案領家方同之、下〻司方、」

土左國安田庄（安藝郡）雑掌僧良範与下司佐河四郎』左衛門尉盛信相論所務條〻

□〔一〕田地事

右、恆富名拾參町參段肆拾伍代幷本給壹町、淸正』□〔名ヵ〕壹町陸段三十五代、友次名壹町壹段伍代、嶋田肆町』捌段卌五代、四至、限東自樋口上者嶋井溝、自樋口下者古河新田西岸、』限南貞延當仕屋敷、限西大河、限北安近後横道、以上爲下』司一圓不輸之領、永可致各別所務、此外於庄内名〻』田地者、一向可爲領家御分、將又新田者、領家御分仁』下司不可相綺、下司分仁雑掌不可相綺、次井溝修』治者、任先例、可致其沙汰、相互不可有相違矣、

一、上下山事

右、上山者、本在家在所交名別紙在之、拾宇内、以折中之儀、兩方五』（第二紙）宇宛可令領知、

金剛頂寺
最御崎寺

丹波國三箇北荘
悪黨人
逐電

次下山田地在家、同以折中之儀、所令中分』也、坪付別紙注之、但於新田幷山者、下司令進止之、領家被召材木』幷檜皮之時、不可有違乱、就中兩寺金剛頂寺・最御崎寺、造(ママ)』榮之時、同不可有違乱矣、

一、河海荒野事

右、可爲下司進止、但於寄物者、兩方可致等分之沙汰矣、

以前條々、雖番訴陳、以和与之儀、止沙汰畢、向後守』此狀、不可致依違之沙汰、若令變改者、可被申行』罪科者也、仍和与之狀如件、

永仁三年十二月　日　左衞門尉盛信判

……………………

三〇　六波羅御教書案　一通

○竪紙、「仁和寺」額型朱印、縦二九・八cm、横四七・四cm、一紙、室町前期、

丹波國三个北庄(多紀郡)前下司貞綱幷貞』重以下悪黨人等事、兩度注進狀』披見了、彼輩逐電之後、隱居所々』動經廻本住所、雖然不止跡之由、有其』聞、且

尋捜在所、且隨見逢、可召進之』旨、可被相觸當國地頭御家人也、』次如所執進之貞綱下人正國白狀者、』妻子等隱置傍庄相田云々、相尋實』否、可被注申子細、仍執達如件、

永仁五年閏十月九日　右近將監（北條宗方）判

前上野介（大佛宗宣）判

稅所左衛門尉殿

中澤三郎（基員）左衛門尉殿

……………………

三一　伏見上皇院宣　一通

○竪紙、縱三四・一cm、横五三・四cm、一紙、鎌倉後期、

女一宮禱子內親王ト宴遍僧正トノ相論周防國玉祖社

女一宮（禱子內親王）雜掌与宴遍僧正』相論周防國玉祖社領（佐波郡）以下』事、兩方所帶之文書共、依』有紕繆、所被棄置也、早爲』本所進止、宜致院家興隆之』由、可有御下知之旨、』

御氣色所候也、以此趣、可令』申入仁和寺宮（深性法親王）給、仍執達如件、

（別筆）「永仁六年」

八月廿九日　　雅藤（藤原）奉

謹上　慈尊院僧正（教助）御房

……………………

三二　六波羅御教書案　　一通

○竪紙、「仁和寺」額型朱印、縦二九・七cm、横四六・八cm、一紙、室町前期、

丹波國三个北庄（多紀郡）前下司貞綱幷』貞重以下悪黨等事、家直重申』狀・具書如此、彼輩遂（逐）電之後、隱居』所々、動經廻本住所、不留跡之由、有其』聞間、度々觸遣之處、無沙汰云々、早守』先度狀、尋搜在所、且隨見合、任法可』召進之由、可相觸當國地頭御家人也、』次如所執進之貞綱所從正國白狀者、妻』女等隱居傍庄相田云々、所詮稅所左』衛門尉相共、相尋實否、可被注申子細也、』仍執達如件、

正安二年六月一日　右近將監（北條宗方）判

鎌倉遺文㉗
二〇四五八＊

丹波國三箇北莊前下司等ノ惡黨

前上野介（大佛宗宣）判

中澤（基員）三郎左衛門尉殿

……………

三三・三四　百首歌題（前中後闕）　一通

○續紙、「仁和寺」額型朱印二顆、第一紙（第三三號）縦三二・四cm、横四九・五cm、第二紙（第三四號）縦三一・一cm、横五一・一cm、二紙、鎌倉後期、楮紙打紙、紙背文書アリ、

○第三三號ト第三四號ハ同一典籍ナレドモ、前後關係不詳、便宜ノ順ニ掲出、

遣唐使餞　山家送年　田家老翁

社頭祝君　夢談故人　深觀無常

山寺懷舊　聞法述懷

建久元年九條良經家

百首　建久元年十二月、後京極攝政家（九條良經）、被号二夜百首、

春

霞五首　梅五首　歸雁五首

夏

照射五首　納涼五首

秋

霧五首　鹿五首　檮〔擣〕衣五首

冬

時雨五首　氷五首

戀

寄雲戀五首　〻山〻五首　〻河〻五首

〻松〻五首　〻竹〻五首

雜

禁中五首　神社五首　佛寺五首

山家五首　海路五首

百首十題　建久二年冬

（第二紙）

百首　（慈圓）慈鎮和尚

高　低　遠

近　淺　深

多　少　遲

速　厚　薄

視　聽　閑

忙　清　濁

新　舊

各五首

百首四季　慈鎮和尚

神祇春夏秋冬　月已下同前、　風

雨　曉　朝

夕　夜　山
野　海　河
池　鳥　田
松　杜　草
花　祝　山家

紙背　肥後國宇土莊重書案（中後闕）　一通

○續紙、第一紙（第三三號）縦三一・四cm、横四九・五cm、第二紙（第三四號）縦三一・一cm、横五一・一cm、二紙、鎌倉後期、
○第一紙右端ニ「同同同」ト習書アリ、

(1)後宇多上皇院宣案
衆徒ノ申狀
嗷訴
法會

宇土庄（宇土郡）事、衆徒申狀　奏聞候之處、就理非可有』其沙汰、早停止嗷訴之結構、
不可致法會之違乱之由、可令下知』給之旨、所被仰下候也、仍執達如件、

嘉元四
五月廿九日　　參議宣房（萬里小路）

(2)後宇多上皇院宣案

山門訴事、申入候之處、如此事、法會中申子細之條、前々』被誡仰候畢、
歸洛之時可被申之由、被仰下候也、仍執達如件、

同
六月一日　　　參議宣房

(3)後宇多上皇院宣案（後闕）
六月會最勝講

山門訴事、奏聞候畢、六月會講師事、被仰仲圓・忠性等之』處、仲圓者、
未勤最勝講聽衆、今年彼聽衆令參勤、明年』可勤仕之由申之、忠性者未遂
業之旨申之、仍於明年者、彼』兩人間可勤仕之由、可仰下候、宇土庄事、
法會翌日、任道理可』有其沙汰、於法會者、無爲可遂行之旨、可令下知給
兩□□』仰下旨如此候、仍執達如件、

（第二紙）

(4)後宇多上皇院宣案
山門衆徒

山門衆徒申兩條

蓮華王院ノ知行
神輿歸坐
文殿ノ究決
佐々村衆徒殺害
實叡法印ハ流刑
祭禮

肥後國宇土庄事、重〻沙汰次第、度〻雖被仰下、所詮止蓮花王』院知行、可被置所務於中、不日可奉進神輿歸坐、翌朝早被遂』文殿之究決、忩任道理、可有　聖斷、佐〻村衆徒殺害下手輩事、』前〻被經御沙汰畢、於實叡法印者、被停止嗷訴之上、神輿歸坐之後、』可被處流刑也、兩條沙汰趣如此、此上不廻時刻、奉歸坐神輿、可執行』祭禮之由、嚴蜜可有御下知之旨、　院宣候也、以此旨、可令申入』座主宮（覺雲法親王）給、仍執達如件、

德治元
十二月十九日　　中宮亮（平）雅〔惟〕輔

安藝法眼御坊

(5) 後宇多上皇院宣案

宇土庄事、來廿九日召決兩方、就理非可被下　院宣、件日早』可出對之由、可令下知幸賢給之旨、御氣色所候也、以此旨、可令』申入給、仍執達如件、

同
十二月廿六日　　右衞門權佐（日野）資冬

安藝法眼御坊

⑹宇土莊關係文書案（後闕）

肥前國杵嶋南郷

⑴鎮西御教書案

鎌倉遺文㉛二三七六六

雜掌ト一分地頭ノ相論

弘安十年・正應五年ノ關東下知狀

嘉元二年ニ和與中分

肥後國□□□□□□〔宇土庄事於理カ〕□□□□□□□□□□□

……………………

三五　肥前國杵嶋南郷重書案　一通

○續紙、「仁和寺」額型朱印、縦三四・二cm、横五二・四cm、一紙、鎌倉後期、

仁和寺南院領肥前國杵嶋南郷（杵嶋郡）雜掌堯深与當庄一分地頭白石左』衛門次郎通朝法師法名道融、相論所務条〻事、如雜掌所進弘安十』年十月五日・正應五年閏六月十六日關東御下知狀者、依年貢未』進、令折中下地之由、所見也、而道融背彼狀等、令押妨所務之旨、』堯深訴申之間、被尋下實否之處、如今年八月二日道融請文者、』所務押妨事不實也、任正應五年關東御下知狀等、去嘉元二年』令和与中分之上者、爭可濫妨下地哉云〻者、此上不及異儀歟、早』莅彼所、守雜掌出帶弘安・正應御下知、嘉元二年和与中分狀等、』可被

沙汰付所務幷下地於兩方也、仍執達如件、

延慶貳年九月十六日　前上總介（金澤政顯）御判

高木六郎（經貞）殿

大村太郎（家直）殿

(2) 鎮西御教書案

鎌倉遺文㉜ 二四七〇三

肥前國杵嶋南鄉雜掌堯深申所務事、重申狀如此、白石左衛』門次郎入道背度ゝ下知狀、不避与之間、任彼狀、可沙汰付下地之由、數』个度被仰畢、所詮來月五日以前、可遂其節、違期者殊可有』其沙汰也、仍執達如件、

正和元年十一月廿日　前上總介御判

高木三郎（家相）殿

龍造寺又六（家親）殿

…………………

鎌倉遺文㉛ 二四二一五

三六　越中國石黑莊弘瀨鄉重松名吉五方實檢目錄　一通

○竪紙、「仁和寺」額型朱印、縦三一・三cm、横五三・三cm、一紙、鎌倉後期、

越中國（礪波郡）石黑庄內弘瀨鄉重松名吉五方号竹內、

注進　弘安元年作田實檢目錄事

合

惣田數貳町柒段小

常不二段　年不二段

河成三段大　當不五段

見作壹町肆段大

除地頭給田壹町

定田肆段大

分米貳解〔斛〕肆斗捌升陸合二勺二才

除

貳斗　井料

定御米貳解〔斛〕貳斗捌升陸合二勺二才

御服綿參分四朱四參（ママ）

段別布代伍拾文

右、實檢目錄如件、

延慶四年二月十七日　地頭藤定繼（花押）

御使清賢（花押）

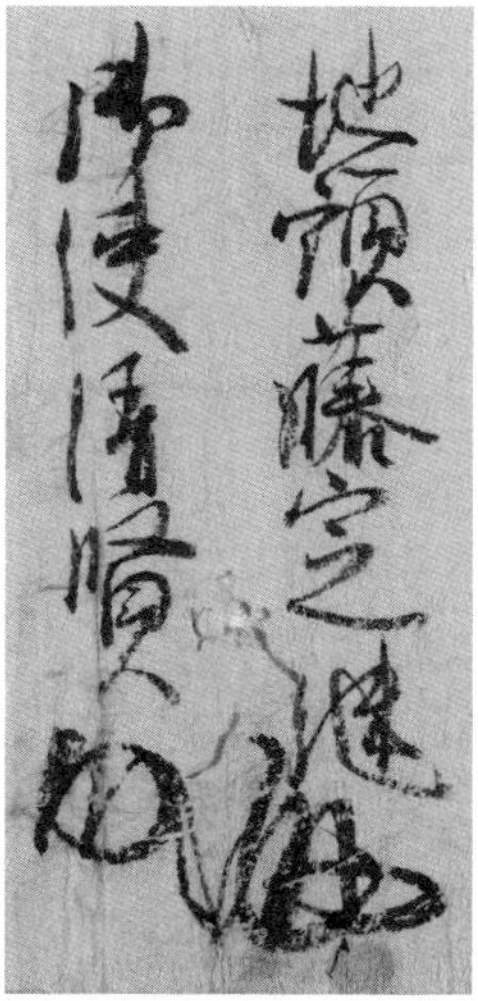

三七　前大僧正禪助置文（前闕）　一通

○續紙、「仁和寺」額型朱印、縦三二・三cm、横五〇・〇cm、一紙、鎌倉後期、

一石五斗　預三人饗料人別五斗

已上九十石一斗二升政所斗定

阿波國牛牧莊ノ年貢

備中國新見莊

預所役

右、以阿波國牛牧庄（那賀郡）年貢、所定置也、但庄』家連年大損亡之時者、太略爲無足、仍御』忌日供米已下聊減少畢、猶有不足者、以公』事料幷新見庄（備中國哲多郡）寺用貳十貫、可省充也、若』又有余剩者、可致修理也、抑預所役事、堂內』疊六帖・御簾幷明障子、御聽聞所御簾・疊』等、隨破損可沙汰改、更不可致懈怠、此外不』可有他役之狀如件、

延慶三年十二月廿六日

前大僧正（禪助）（花押）

……………………

鎌倉遺文㉛ 二四二一四

圓宗寺領越中國石黑莊弘瀨鄉雜掌ト竹內ノ地頭トノ相論

三八　越中國石黑莊弘瀨鄉竹內地頭藤原定繼請文　一通

○竪紙、「仁和寺」額型朱印、縦三三・八cm、横五二・五cm、一紙、鎌倉後期、

圓宗寺領越中國石黑庄（礪波郡）內弘瀨鄉雜掌』淸賢与竹內地頭小三郎定繼相論年貢』檢注事

和與

檢注目六ヲ固メラル

山田郷ノ御倉

右、就雜掌之訴、度〻被成御教書之間、企參上、』欲番訴陳之刻、以和与之
儀、被止雜掌之訴訟、』今被固檢注目六之上者、致未進之弁畢、』於向後御年
貢者、毎年十一月中仁、任目六、』可令皆濟于山田郷御倉、若有未進懈怠
之』時者、入壹倍利分、可致沙汰候、仍爲後日』證文之狀如件、

延慶四年二月十七日

地頭藤原定繼（花押）

……………………

三九　左衛門尉弘保等連署家地賣券案　一通

○竪紙、「仁和寺」額型朱印、縱三〇・九cm、橫四四・四cm、一紙、鎌倉後期、

沽却　地壹所事

合參戸主余者在谷口以東北頰、指圖注別紙、加暑〔署〕判、

四至限北類中墻　限南大道
限東類地　限西仙了上座之中墻堺仁打牓示

金剛院領
二條資親

本劵・手繼

右、件地者、爲金剛院領、二條宰相(資親)家代々御相傳之地也、』而依有要用、以
直錢拾伍貫文、限永代、所沽却對馬』入道行意房實也、於本劵・手繼等者、
依有類地、不副』渡、向後更不可有他妨、但御用事出來之時者、被返』本錢、
可被召者也、仍爲龜鏡新劵之狀如件、

正和元年十月十日　　左衛門尉弘保在□
　　　　　　　　　　左衛門尉季□在判
　　　　　　　　　　沙　弥究舜在□

…………………

丹波國彌勒寺別院內寺村

四〇　丹波國彌勒寺別院內寺村加納重書案（前闕）　一通

○續紙、「仁和寺」額型朱印三顆、縦三〇・二cm、全長一四四・八cm（第一紙四八・六cm、第二紙四八・二cm、第三紙四八・〇cm）、三紙、室町前期、

(1)**六波羅下知狀案（前闕）**
鎌倉遺文㉜二四八七九
和與狀
丹波國今林莊

〔署〕暑和与狀畢、如彼狀者、篇目見端、右雜掌、則地頭對于今』(船井郡)林以下傍庄、預御下知、

地頭職ハ承久勳功ニヨリ拝領

永仁三年・嘉元二年ニ坪合延慶ノ下知寺村六箇里

田畠ヲ分ケ、雑掌撰ビ取ルベシ

令混領本所一圓八講料田之』條、無其謂、於彼料田者、停止佐綱（中澤）之綺、至
自余田』畠者、相並可致所務之由訴之、地頭亦當院（彌勒寺別院）地頭』職者、爲承久勳功
之賞、所拝領也、然間任傍例、』可遂地頭内檢之由、文永以後度ゝ被成關
東・六波』羅御下知之處、爲傍庄今林等之所ゝ、被仰〔抑〕留之間、』仰御使飯尾
但馬房善寛・荻野四郎入道忍』性・三宮孫四郎國明等、兩度遂坪合、被打
渡于地』頭畢、仍於有限本田者、致兩方沙汰、至新田畠者、任』御下知之旨、
爲地頭進止之由陳之、仍番三問三答訴陳、』雖及追進狀、所詮以和与之儀、
永仁三〔×年〕・嘉元二遂坪合、御〔仰カ〕』御使等、云所被打渡之田畠等、云延慶御下知、
分寺』村六个里（宮守・道所・長田・野原・桑原・古田）、田畠捌拾餘町内、於田地者』分于三、至畠地
者分于陸、地頭書出坪付者、各一』分（田二十二町・畠三丁）、者、雑掌可撰取之、已上田
畠二十五町去』渡雜掌禪練之上者、一圓可知行之、地頭更不可相』綺之、爰
雜掌分田地二十二町内、若荒野有相交事』者、以地頭分田地内、隨員數可
入立之、於其替之荒野』者、地頭可進止之、但此和与以後、至于雜掌分田

殘ル所ノ田畠・荒野ハ地頭進止
年貢
丹波國召次保
雑掌三分一・地頭三分二

地、若不』作・河成等雖出來、地頭更不可入立之、云所相殘之田』畠、被載于兩度坪合帳、自今林云所被渡之荒野等、』(第二紙)一向可地頭進止也、雑掌曾不可相綺之、次年貢事、雖』○載雑掌解、下地和与之上者、同止訴詔(訟)畢、次所殘之散在』田畠等、相交召次(丹波國桑田郡)以下庄ゝ歟、地頭相共致訴詔、隨落居、』雑掌三分一・地頭三分二可令領知也、相互守此和与状、可』致其沙汰、若背此状、雖一事致違乱者、可被申行罪科云ゝ、』任和与状、可計成敗之旨、所被下　御室令旨也、此上者、不及』異儀、早守彼状、相互可致沙汰之状、下知如件、

正和二年五月廿七日

越後守平朝臣(北條時敦)判

武藏守平朝臣(金澤貞顯)判

(2)室町幕府管領奉書案
雑掌解状
藤備前藏人ノ押妨

仁和寺領丹波國弥勒寺(桑田郡)別院内寺村加納事、雑掌解』状副具書、如此、子細見状、帯代ゝ　勅載(裁)幷六波羅下知状、寺』家知行無相違之處、致藤備前藏人押妨云ゝ、太無謂、』當寺領別而所被興行也、早止彼妨、被沙汰居下地於』寺家雑

掌、可被全所務、若又有子細者、可被注申』之狀、依仰執達如件、

（第三紙）

永徳二年三月十二日　　　　奉行依田入道
左衛門佐在判
（斯波義將）

（氏清）
山名陸奥守殿

(3) 室町幕府管領奉書案

仁和寺領丹波國弥勒寺別院內寺村加納事、雑掌』重解狀如此、子細見狀、帯代々　勅載〔裁〕并六波羅下知狀、』寺家知行無相違之處、藤備前藏人無是非押領云々、』背度々御教書、押領未休条、太招其咎歟、不日止彼妨、』一圓沙汰付下地於寺家雑掌、如元可被全所務之狀、依』仰執達如件、

永徳三年二月六日　　　　奉行依田入道
左衛門佐在判

山名陸奥守殿

(4) 室町幕府管領奉書案

仁和寺雑掌申丹波國弥勒寺別院內寺村加納』事、申狀・具書如此、所申無相違者、退押妨人、可被』沙汰付雑掌之狀、依仰執達如件、

至徳三年九月廿六日　　奉行飯尾備前守 左衛門佐在判

山名陸奥守殿

仁和寺雜掌申丹波國弥勒寺別院内寺村加納』事、重訴狀・具書如此、先度
被仰候之處、不事行云々、』早退押妨人、沙汰付雜掌、可被執進請取之狀、
依』仰執達如件、

至徳三年十月十六日　　奉行飯尾備前守 左衛門佐在判

山名陸奥守殿

……………………

四一　丹波國粟野下莊田數等注文　一通

○續紙、「仁和寺」額型朱印二顆、縱二八・三cm、全長二四七・四cm（第一紙四〇・四cm、第二紙四一・五cm、第三紙四一・六cm、第四紙四一・二cm、第五紙四一・三cm、第六紙四一・四cm）、六紙、鎌倉後期、紙繼目每ニ惣領地頭平行忠ノ裏花押アリ、

丹波國粟野莊
雜掌
惣領地頭
一分地頭
下地中分

丹波國粟野（船井郡）庄雜掌圓淨与惣領地頭行忠・『同一分地頭忠信已下女子等、
下地中分内下庄』田畠・在家并山河荒野・杣山等分帳事

一、田地事
　拾柒町壹段參拾伍代
一、在家屋敷等事
一、山河并荒野等事
一、杣山事
一、自上庄去渡壹町伍段田事

下莊分ノ田數

　下庄分田數のかきたて
一町　いまにし
一段　いつめ田　　十代　とのやま
十代　みなくちかやしき　　一段　みのかやしき

五代　いなは田はしもと
（第二紙）
卅代　大ついかやしき
卌代　さいのもと
三段卅代　しをたけ
廿代　すむら井下
一段卅代　みそつら
一段卅代　きした田
卅代　したにいせき田
卌代　やすたのまへ
廿代　やすたのまへ
一段十五代　きしたか
やしき
一段　ふくやす
三段十五代　いつめ田

廿代　新たいふかまへ
けつくやう
卌代　いせき
廿代　ゆの木のもとうらむかい
いなは
卌代　とちう
一段五代　しやのあなのまへ
卌五代　かみゆり
一段十代　はしもと
卌代　小つく田
一段　した□ふくやす
卌代　やすたのまへ
はとたに作
一段廿代　いつめのまへ
一段廿代　とねり田
一段十代　いわさきのまへ

一段十代　井のくち

一段五代　初谷くち

廿五代　なめいわ

一段五代　なめいわ

一段十代　大栗

廿代　くのほりくち

一段　この惣次郎作

一段五代　このくちきした田

十代　はせかた

（第三紙）

卌五代　をうつほひ物作

廿五代　くせしり

二段十代　すむら

一段　ふくやす

一段　こわた

一段　初谷くちひ物作

三段　いなはかきうち

一段廿五代　同

卌代　たのむかいくち

一段十代　四らうか谷くち　けん七作

卅代　くのほりくち

卅代　この丶いつめ田

卌代　ゆきすり

一段　まち

一段卅代　かきの木ゆり

二段　さわかみ

一段廿代　念佛田

卌五代　入道まち

一段五代　の中ひ物作

三段十五代　の中

二段卅代　下よもい

二段十五代　上よもい

一段十代　いつみかむかへ

一段廿代　こめやなきいせき田いはさきともに

一段　をうつほ

一段十代　とうまたう

廿五代　あのく作

一段卅五代　くせしり

一段　井の谷くち

十代　小谷くち

二段卅代　いはさき

卌五代　の中入道まちの上

一段五代　くほ田

一段　たうのむかへ

廿五代　やすふち

十代　ありまさ

一段十代　いせき田

一段　こめやなき

卌代　をうつほ上よもいあのく作

一段卌代　たけのしこの中田くして

一段十代　とうまたういわみ作

卌代　やたらう作

卅代　十郎作

一段　ひやうふなかきうち
一段十代　ゆてん
廿代　みつたんと
一段廿代　との山とうけんし
（第四紙）
一段十代　たうけ谷
二段十代　寺田よしひろ
三段十代　すいのわう
卌代　よこあせ
卌代　はんしやう田
一段十五代　へらまち
十五代　山王田
十五代　しをたけ　みなくち
五段　大田

一段廿代　かうろ田上下
一段十五代　よもい田
廿五代　そゑたにくち
廿代　こわたんと
廿代　とのやま
廿代　寺田あらほり
卅代　なかまち
一段廿代　よしひろ
卌五代　はしつめ　しをたけ
廿代　しをたけ　よし田
五段廿代　しをたけ
卌代　にしのみやう
一段　のしり井の上

六段卅代　のしりつく田
一段　みのこふち　大法作
十代　しをたんと
二段　かちや
卅代　まち
四段廿五代　つねひさ
一段十五代　りうこまち
一段十代　かうろ
三段十代　はゝの東
一段十代　しやう田
廿五代　下四まち半分
已上拾柒町壹段參拾伍代

廿五代　みのこふちあらほりとりくして
卅五代　さいのもとけん八
卌代　したにそくれん田
一段五代　松尾かうろ
一段卅代　うゑとの
二段　すきの東西
一段廿代　はしつめ
二段廿代　上四まちはゝのにし
一段十代　いなうまち
二段廿代　たない

上荘ヨリ去渡ス田

（第五紙）此外自上庄去渡壹町伍段田坪付事

一段十代　ふくい田　　廿五代　下四まち半分

一段十五代　かわのへ　　一段　けん七作

三段　いやけんた田　　卅代　三郎次郎

十五代　たけのした いはさき田　　十代　とりゐのもと 大田

二段五代　宮のなわての西　　卌代　宮のなわての東 つく田もりくに

一段十五代　とう三郎 新八らう　　卌代　小使田

廿五代　ひらの田　　廿代　二まち　大田

一段　なかまち

　已上壹町伍段

　都合拾捌町陸段參拾伍代

上下ノ田ノ堺

一、上下田堺事

北ハ福井田ノ西堺方至在之、南ハ長町ノ』東堺ニ方至在之、自此西者下庄

分也、

山野ノ大堺

一、山野大堺事
東ハ井谷河ヲのほりにすけのさこ水落ヲ』かきりて、順のみねをの丶村堺へ、西ハ小』（第六紙）井のみそをすくにしん木のをか佛師へ』むけて、ふとを丶上林堺へ、

杣山

一、杣山事
西谷ハ下庄分也、但此内ひらさこの谷口』より河のはたをのほりに、方至打たる』栃木あるを丶さかいて、順の峯をのほ』りにほそりまて、又ほそりより順の峯』をたなのまて、これより東南ハ上庄分也、
一、下庄分同ひらさこの谷口田中切畑おくの小』を丶中尾まて、又中尾より順の峯ヲ上林』まて、これより北ハ下庄分也、
右、大略如此、

文保元年丁巳四月二日

一分地頭平忠信（花押）
惣領地頭平行忠（花押）

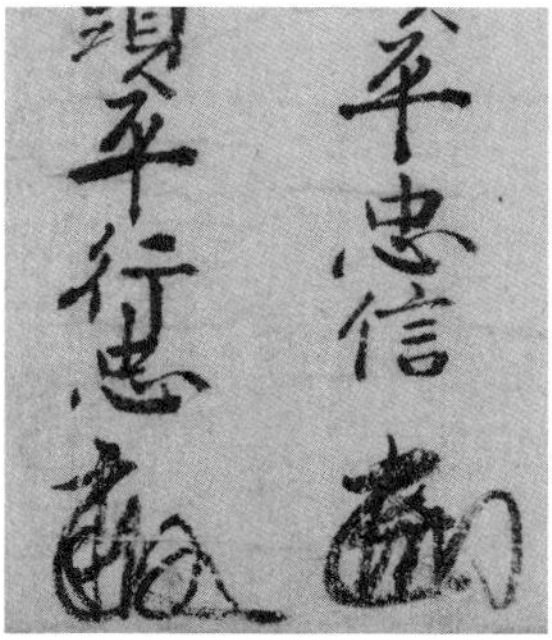

○継目裏花押

（第１紙・第２紙間）

四二　権律師了尊私領賣券　一通

○竪紙、「仁和寺」額型朱印、縦三二・三cm、横五一・六cm、一紙、鎌倉後期、

（端裏書）
「□すわへの東つら二反田畠券」

沽却　私領地事

合貳段者在野宮大路北面、　○裏書アリ、

右、了尊相傳之私領也、依有要用、『限錢拾貫文、相副相傳之證文、所奉』賣渡日向入道殿實也、敢不可』有他妨、仍爲後日龜鏡、賣文如』件、

私領地
野宮大路

嘉暦元年十一月廿三日権律師了尊（花押）

（裏書）
「此内壹段ハ正眼院（正眼院（花押））〔×法金剛〕へ奉寄進』者也、暦應五年五月廿五日（花押）」

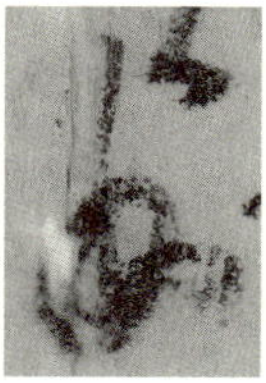

……………………

四三　安藝國品治莊所當注文（中闕）　一通

○續紙、「仁和寺」額型朱印七顆、縱二九・七cm、全長二八七・一cm（第一紙四〇・五cm、第二紙四一・四cm、第三紙四二・一cm、第四紙四一・九cm、第五紙四一・五cm、第六紙四〇・六cm、第七紙三九・一cm）、七紙、鎌倉後期、

安藝國品治莊
下村

安藝國品治（山縣郡）御庄下村所當米納帳注文

合

二石三斗七升内 佃米一石二斗 包依
一石 樂万
□斗九升三合内 佃米二斗 よ分はこ
三斗五升内 佃米二斗 別分
四斗五升 包正
一斗五升 友光
四斗六升 包貞
三斗五升 入連
四斗六升 市丸
六斗 國正
六斗五升 石丸
三斗 四郎丸
(第二紙)
五斗五升内 佃米三斗 鏡連

一石 金次
八斗内 佃米四斗 宗包
三斗四升 永平
六斗五升 太郎丸
四斗五升 牛丸
五斗内 佃米四斗 清德
三斗九升内 佃米一斗四升 德万
一石二斗 五郎丸
六升 守門
二斗三升 利光
二斗一升内 佃米一斗四升 近恆
五斗七升佃米 清永
八斗内 佃米四斗 行力

四斗　守弘　一斗三升　貞弘
二斗　重利　一石一斗　國近
一斗七升　是友　四斗　國守
二斗　眞永　二斗　正國
已上御米拾玖石一斗八升三合內
○「內」ノ右下ニ「佃」ノ書キサシアリ、
御佃米三石九斗五升
返抄米拾四石五斗三升三合內
延定廿石三斗四升六合二勺

一、石井谷納帳注文
八斗　中大夫　九斗八升　乙王丸
王
六斗一升　宮丸　一石六斗五升　四郎丸
一石一斗　友貞　四斗三升　別分
一石一斗五升　助平　三斗二升　國貞

四斗三升　末宗　三斗八升　宗恆

一石二升五合　宗近　一斗一升　國依

八升　是景　四斗　□

以上九石四斗六升五合内

延定十三石二斗五升一合

□□注文

（第三紙）

三斗五升　安守　二斗三升　惣四郎

一斗　太郎丸牛田　五升　牛田

三斗　聾　九斗　□□〔瀉淖カ〕

以上四十一石二斗五升三合内

御佃米五石九斗七升六合

返抄米三十五石九斗七升七合内

延定五十石三斗六升七合八勺

一、上村色〻御公事米おいよせとう田米注文

一石四斗　三日くりや　一石三斗　御草米

七斗　社事　八斗　初米

三斗　花代　七斗　收佃くりや

一斗二升　田付　二斗　大山地子

二石　狩庭　七石　地門おいよせ

十九石六斗七升　頭田米　九石　おいよせ

以上四十三石一斗九升

一、三石三斗　弥交分

都合御米百四十九石六斗一升一合

一、國下用分

上村
公事米

三日くりや

一石　　諸社上分　　一斗　　下村御會給食

□　　□□□□□□□□〔九斗カ〕　　□□交分

（第四紙）

□□［　　　　　　　　］［　　　　　　　　］

弓事銭
嘉暦四年

一貫百五十文　　弓事銭嘉暦四年五月七日御返抄

十七貫二百文十二月二日御返抄　　中三郎入道付進上、

二貫二百文三月十二日御返抄　　中三郎入道付進上、

　以上廿貫五百五十文　　進上了、

殘御用途　八貫七百七十文　中三郎入道付今座進上、

上村
未進

一、上村未進注文

三斗二升　　是平　　二斗五升八合　宗平

一石四斗一升三合　重宗　　二斗八升二合　貞依

名々頭田米

二斗六合　吉是　　七升七合　太郎丸
三斗七升七合　包宗　　五斗五升　金次
一斗五升七合　守遠　　三斗二升三合　是助
三斗二升七合　弘直　　八斗一合　包末
二石四斗三升八合　恆安　　・七・斗・六升七合〔×一石一斗〕　有次
七斗　行事　　一升九合　吉光
四斗八升　宗久　　一石一升九合　景正
六斗八升八合　友光　　三升　太郎房
二升　行貞

一、名〻頭田米未進注文

（第五紙）
五斗三升　宗久　　一斗　國守
一斗六升　友光　　七斗一升　重宗
七升　吉是　　一斗一升　太郎丸

一斗六升　貞依　四斗五升　包宗
三斗一升　弘直　七斗三升　是助
以上三石三斗五〔三〕升

名々夫用途

一、名〻夫用途未進注文
三百三十文　是平　二百七十文　重宗
四百五十文　貞依　三百八十文　包末
四百五十文　行事　七百二十文　景正
四百廿文　國守

吉木村

一、吉木村用途未進注〔文脱カ〕
二貫五百文　元原分　三百文　田原分
二百文　あさか革色のふん

下村

一、下村所當米未進注文
一斗八升　守弘　二斗五合　守門

二斗四合五勺　貞弘
五升　友光
（第六紙）
二斗三升九合　牛丸
四斗六升一合　五郎丸
一斗六升五合　四郎丸
四斗七合　入連
二斗三升二合　眞永
五斗八合　包正
四斗八升　清永
一石一斗　石丸
一斗八升　勢得
一石一升一合　上覺
八斗五升七合　包依

三斗三合二勺　包貞
六斗四升六合　國近
四斗二升　太郎丸
八斗八升八合　重利
三斗四升七合　永平
二斗　是友
六斗　國正
二斗五升　行力
七斗五合　樂万
四斗　得万
一斗　別分
四斗　市丸
五斗三升七合　鏡連

三斗六升六合　利光　　三斗一升五合　宗包
三斗三升二合　近恆
一、石井谷分未進注文
二斗六升七合　宮王丸　二斗六升七合　中大夫
八升七合　國貞　　一斗四升　別分
三斗五升　宗近　　一斗六升七合　末宗
六斗一升　友貞　　六斗二升　助平
二斗七升九合　乙王丸　三斗　宗恆

（第七紙）

五斗六升三合　四郎丸　一斗三升三合　國依
四升二合　是景
一、吉木村未進分

一石四斗　　延定

一、河□分未進

八斗二升　　延定　　宗光名分

右、未進注文如件、

元徳二年四月　日

預所御代官（花押）

四四　東寺長者成助御教書　　一通（圖版5）

○竪紙、「仁和寺」額型朱印、縦三三・七cm、横五一・六cm、一紙、鎌倉後期、

大和國河原（山邊郡）庄可令』知行給之由、長者法務』御房御氣色所候也、』仍執達如件、

正慶二年二月八日　法印（花押）奉

大和國河原庄
知行

謹上　別當法印御房

四五　甲斐國篠原本莊得分注文（後闕）　一通

○續紙、「仁和寺」額型朱印、縱二八・四cm、横四七・三cm、一紙、鎌倉前期、
紙背文書アリ、横墨界（天界三條）、

甲斐國篠原本莊
建保三年解文
本家分
領家
本莊・加納
絹
藍摺布

甲斐國篠原（巨摩郡）本庄公□

建保三年十一月廿三日解文到來〔夫領爲弘・貞弘〕

一、本家御分〔領家納進御倉、持夫・兵士立用〕〔本庄・加納〕兩方、依令混乱不注之、

厚絹七疋

同絹一疋〔上條分　直六十九段〕

藍摺布廿五段

同布二段上条分 直卅一段

紺布

紺布十段

同布四段上条分 直六十段

例布七段

同布一段巻布

色革

色革六枚領家得分內、

紅花萬歳別符

紅花五百兩万歳別符年貢內、 本庄方、

御簾代

御簾代絹二疋

領家分

一、領家得分本庄・加納分、隨田數幷桑員 配分之、

絹二十一疋四丈桑代十一疋四丈 皮代十疋

紅花五十□兩

□□□□

役夫工料米
攝津國垂水莊
先々ハ近衛殿
方ヨリ催サル

紙背　法橋某書狀

○竪紙、縦二八・四cm、横四七・三cm、一紙、鎌倉前期、

役夫工料米垂水庄（攝津國豊嶋郡）分切』符給候了、但此庄分課役、』先ゝ從近衛殿方被催候、』仍寺家不致其沙汰候也、』今度定從彼御方被催』候歟、可何樣候哉、恐ゝ謹言、

三月十九日　　法橋實□

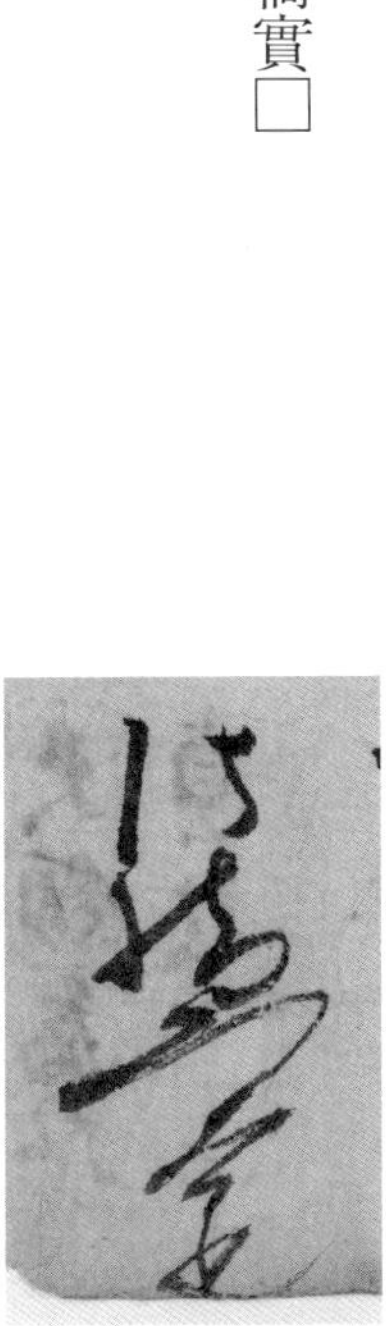

越前國河和田
莊

四六　越前國河和田莊文書目録（後闕）　一通

○續紙、「仁和寺」額型朱印、縦三一・七cm、横四八・六cm、一紙、鎌倉後期、

（端裏書）
「河和田庄文書目録」

正和五年院宣
〔追筆〕「一通聖眞寄附院宣（日野）俊光 正和五九八

文保二年
一通文保二三日 聖眞判

正和四年
一通正和四七十一 聖眞・泰寛兩判

一通正和四七十一 聖眞泰寛兩判」

越前國河和田庄（今北東郡）文書目録事

保安二年官符
一通 太政官符 保安二年四月廿六日

長承三年下文
一通 一品宮（禧子内親王カ）御下文 長承三年七月十七日

治暦國判
一通 治暦國判

長承三年下文
一通 待賢門院廳御下文 長承三年閏十二月十五日 ○第八號(1)參照、

久安元年下文
一通 同廳御下文 久安元年七月廿七日

壽永二年下文
一通 後白河院廳御下文 壽永二年九月廿七日 ○第八號(2)參照、

元暦元年下文
一通 同廳御下文 元暦元年五月　日 ○第八號(3)參照、

文永二年院宣
一通 後嵯峨院御吹擧 院宣案 付文永二 十二月四日 ○第八號(4)參照、

文永十一年院宣
一通 龜山院御代和字 院宣 文永十一 十二月廿七日 ○第八號(6)參照、

文永十一年院宣
一通 同御代 院宣 文永十一 二月十九日 在禮紙、

弘安五年院宣
一通　同御代　院宣案　弘安五 七月廿三日　○第八號(7)參照、

弘安五年院宣
一通　同御代　勅裁　院宣　弘安五年十月廿三日　○第八號(8)參照、

正應二年去文
一通　御室(入道性仁親王)御去文案　正應二 九月三日　奉行源大納言(雅言)家被封裏畢、　○第八號(9)參照、

正應二年院宣
一通　後深草院御代　勅裁　院宣　正應二年十一月十二日　○第八號(10)參照、

正應二年令旨
□(二)通　御室令旨案　正應二 十一月廿六日　奉行源大納言家被封裏了、

正應三年令旨
一通　同令旨　正應三 六月廿八日　眞光院僧正(禪助)御房奉、

正應三年令旨
一通　同令旨　同 十月廿六日　同奉、

…………………

鎌倉遺文㉒
一六九四九

四七　關東下知狀　一通

○續紙、「仁和寺」額型朱印二顆、縱三三・九cm、全長一〇一・五cm（第一紙五一・三cm、第二紙五〇・二cm）、二紙、鎌倉後期、
○第二紙ハ笈古文書五ヨリ補ウ、

越中國石黑莊
山田鄉
弘瀨西方雜掌
地頭

越中國石黑庄(礪波郡)山田鄉內弘瀨西方雜掌了覺与地頭「　」』左近三郎定景相

所當米・御服綿

弘安元年和與和與狀ヲ棄破

和與以前ト以後ノ未進

新田

弘長二年下知狀寶治ノ檢注

初任ノ檢注ヲ遂ゲ、目錄ヲ固ムベシ

論所務條條

一、所當米幷御服綿事

右、訴陳之趣子細雖多、所詮如了覺所進弘安□』雜掌敎位阿闍梨与定景、弘安元年就令和与、雖被□□』承諾、於敎位和与狀者、不足信用、至所務者、追可有其沙汰之□』而被棄破彼和与狀之間、弘安元年以前年貢等、可遂結解之由、了覺』雖申之、先雜掌和与以前未進事、地頭輙難弁濟歟、然者了覺之』訴詔〔訟〕非沙汰之限、次弘安元年以後未進事、定景領□□』早遂結解、定景可致究濟焉、

一、新田事

右、如兩方所進弘長二年下知狀者、寶治檢注之時、載取張〔帳〕畢、然則』停止地頭濫妨、可固目錄云云、而寶治檢注者、依經年□』初任之檢注、可固目錄之旨、了覺申之處、定景承伏既畢、然者遂』初任之檢注、宜固目錄矣、

領家ノ佃

一、領家佃事

正治ノ目録

右、如同下知状者、任正治目録可引募云云、如正治目録者、領家佃三町』一段三百歩云云、如状者、佃之在所依不分明、就當郷惣田數、可被配分之由、』定景雖申之、寳治以後引募西方之條、無異儀之間、如元可□□

○「募西」、他字ヲスリ消シ訂正、裏花押アリ、

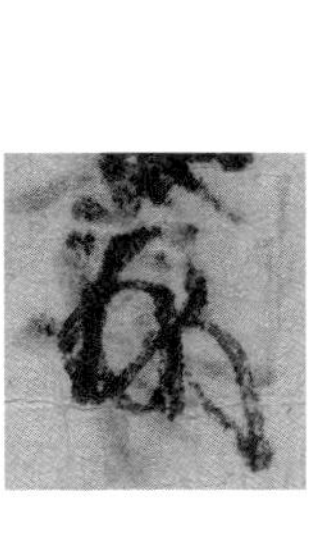

○裏花押（第一紙）

弘瀬郷惣追捕使職

一、弘瀬郷惣追捕使職事

（第二紙）

山手

一、山手事

天満市

一、天満市事

柿谷寺

一、柿谷寺事

一、柒事

右、如同下知状者、尋問庄家、可有左右云云、此上不及別子細矣、

勸農田

一、勸農田事

松本名

一、松本名事

右、了覺則地頭押領之由申之、定景亦爲不實之旨申之者、地頭』横領否、

領家ノ政所

柿谷寺ハ領家ニ去與ウ

預所代ノ住宅ヲ追捕

河手

御使入部之次、被尋究之後、可有左右焉、

一、定景追捕領家政所、押取作稲等由事

右、柿谷寺者地頭進止之處、〇「安」、他字ヲスリ消シ訂正、裏花押アリ、第一紙ニ同ジ、弘安元年和与之時、定景所去与領家也、』而依被棄破彼状、地頭如元進退下地之刻、定景追捕預所代住宅、』押取件作稲等之由、了覺雖申之、追捕事、無指實證之間、非沙汰』限矣、

一、河手事

右、兩方雖申子細、諸國平均依被停止、同前、

以前條條、依鎌倉殿仰、下知如件、

正應二年四月二日

前武藏守平朝臣(大佛宣時)(花押)

相模守平朝臣(北條貞時)(花押)

……………

四八　越中國伊田保內西猪谷村年貢目錄（後闕）　一通

○續紙、「仁和寺」額型朱印、縦二九・五cm、横三九・九cm、一紙、室町前期、
右端・左奥ニ繼目裏花押アリ、モト連券カ、

御料所
越中國ねい《（婦負）》の郡伊田保內にしいのたにの村』御年貢の目六之事

合

一貫文　　こむまの代
貳貫四百文　入この代
貳貫四百文　米の代
七百文　　はたちんの代
貳貫八百文　かたかけまち口御ねんく
四貫五百文　の丶しりの御ねんく
五百文　　ひらさわ御ねんく

御料所
越中國伊田保
西猪谷村

五百文　すなはの御ねんく

四貫三百文　みやのまゑのうけ地のふん

三貫七百文　かむてらの御ねんく

以上廿貳貫七百文　本ねんくふん

一、小なし物いまは代つけにて申あけ候、

○継目裏花押

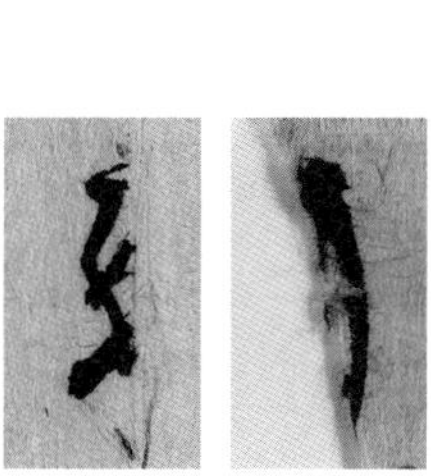

（右端裏）　（左奥裏）

四九 …………

○第六號ト同一文書タルニ依リ、第六號ト倶ニ掲出濟ミ、

五〇 …………　肥後國鹿子木荘本領主職並領家方相傳次第　一通

○竪紙、「仁和寺」額型朱印、縦三三・八cm、横五二・〇cm、一紙、鎌倉後期、

（端裏書）
「兩方相傳系圖」

本領主職相傳次第

本領主職相傳次第

沙彌壽妙藤原實政ニ寄進

相傳手繼紛失

沙弥壽妙

重方壽妙嫡子　高方重方嫡子、此時初寄進實政（藤原）卿、為無永代牢籠也、

重俊高方養子　行親（中原）重俊聟　親貞（中原）此時相傳手繼紛失之間、為後立紛失狀、願西加判行畢、

賢勝得親貞讓之上、又領家寛杲阿闍梨重慇懃之契狀給之、　賢成賢勝子

明毫　清寛　藤原氏女

領家方次第

領家方次第

大貳實政卿（藤原）高方始為領家、依之、本領主職高方子々孫々庄務領掌不可有相違之由、返證文出之了、

春宮大夫公實（藤原）實政聟

二位大納言（藤原經實）公實聟京極殿（藤原師實）御息

刑部大輔隆道（藤原）法名願西二位大納言嫡子

阿闍梨寛杲願西息

覺暹幡（播）磨法橋、寛杲有子細讓之、

丹後局覺暹女

定寛覺暹子

當知行堀川前大相國（基眞）、不知相傳由緒、

……………………

五一　但馬國新井莊文書目錄　一通

○竪紙、「仁和寺」額型朱印、縱三三・二cm、横五二・二cm、一紙、鎌倉後期、

（端裏書）「「但州」（追筆）

新井庄文書」

但馬國（朝來郡）新井庄文書目錄

合

二通　關東貞應下知狀

（別筆）（禪助）「眞光院僧正申出了、」

一通　義時（北條）請文貞應二年十二月廿三日

一通　綸旨貞永元年十月三日

但馬國新井莊

貞應下知狀

貞應二年請文

貞永元年綸旨

已上四通

五二　藤原經定申狀　　一通

○折紙、「仁和寺」額型朱印、縦三四・五cm、横五二・二cm、一紙、鎌倉後期、
○折紙端裏書ニ後筆ニテ「甲六十八箱」トアリ、

中務丞藤原經定言上

典藥寮領丹波國天照社

欲早任相傳道理、如元被補□』典藥寮御領丹波國天照社（天田郡）』神主職事

副進

證文等案

神主職ヲ傳領

件神□職者、自本領主經時之』手、僧上蓮得讓之後、代〻』傳領無相違、爰前長官殿』御時、稱經時之後胤、時延不』可相傳之由緒、不糺實否之』證據、就掠申、以時延被補之』了、因茲經定申披子細之時、』□□　殿下御教書之

殿下御教書

間、□（早）』以經定如元可補任之由、□』申入之刻、彼御所勞危急之』間、成無

御所労ニ依リ沙汰遅引

骨之思、沙汰遅引之』間、空以馳過了、當御時又』最前不申入者、如前長官』御時、同時延又有掠申之』子細者、不慮事出來歟、仍』任道理、依相傳、如元以經定』爲被補任、言上如件、

…………………

五三　（闕番）

…………………

五四　後深草上皇院宣（後闕）　一通

○竪紙、「仁和寺」額型朱印、縦三四・三cm、横五四・六cm、一紙、鎌倉中期、
○東寺百合文書ゐ函ノ後深草上皇院宣案ハ本號ノ案文ニシテ、本號後闕部分モ存ス、此ニ依リ、文永二年七月九日付、菩提院法印(了遍)充ト判明スル、

鎌倉遺文⑬九三一八＊

周防國秋穂二嶋荘

長日愛染王護摩・宣陽門院忌日菩提院結縁灌頂用途

大和國平野殿荘

伊豫國弓削嶋荘

東寺ニ寄附

周防國秋穂二嶋庄（吉敷郡）、所』被充置長日愛染王』護摩幷六月八日　前』宣陽門院御忌日菩提』院結縁灌頂用途也、大』和國平野殿（平群郡）・伊豫國弓削嶋（越智郡）等、任彼院御時例、』被寄附東寺、以此內所被』

御願寺菩提院領周防國秋穂二嶋荘宣陽門院廳下文建治ノ院宣

坊門信兼肥前國藤津荘鹽田方勅裁ニ預ル

五五　某書状（院宣カ）（後闕）　一通

○竪紙、「仁和寺」額型朱印、縦三五・〇cm、横五五・四cm、一紙、鎌倉後期、

御願寺菩提院領周防』國秋穂二嶋（吉敷郡）庄事、任　『宣陽門院廳下文幷建治』院宣等之旨、如元可爲御本尊』愛染王長日護摩用途料所、』兼又御忌日六月八日結縁灌頂、』以當庄土貢內、每年無懈怠可』被勤行之由、被定置了、云彼云』

五六　坊門信兼書状　一通

○竪紙（現裝ハ貼繼）、「仁和寺」額型朱印、縦三三・〇cm、横第一紙五二・七cm、第二紙五二・〇cm、二紙、鎌倉後期、

（端裏書）「信兼□□」

藤津庄（肥前國藤津郡）塩田方事、殊有』御沙汰、去年七月信兼預　勅裁』候之處、今度不及

院宣ヲ召返サル
後宇多上皇
弘安ノ沙汰

是非御沙汰、去四月』俄被召返彼　院宣之由、被申』大學〔覺〕寺殿（後宇多上皇）候之条、迷惑之外無他事』候、且如去年七月　院宣者、本家』御許諾之上者、任弘安沙汰之趣、可』知行領掌之旨、委被載之候、然者』縱雖被召返彼　院宣、定被』中合本家、可及此御沙汰候歟、若』（第二紙）不然者、旁迷是非候、凡當庄者、』代々相傳之上、殊有御沙汰、信兼』蒙　聖斷候之間、知行叶理致』候歟之由、相存候之處、俄轉變御』沙汰之条、仰天候、名利共失面目候』上者、雖向後不肖之質、難達理』訴候之間、偏蒙　本家御推擧、』可全相傳地之由、相存候、委細所存』難盡筆端、併可參入言上候、且』可有此御意得候哉、兩度』院宣案、爲御意得進覽之』候、恐々謹言、

（應長二年）六月十六日左中將信兼

謹上　宮內卿法印御房

……………………

五七　坊門家清申狀

一通

法勝寺領
肥前國藤津莊
志保田方
嵯峨照明寺

坊門信家
坊門信顯
坊門信兼

延慶二年

應長元年

坊門信定、信顯ノ猶子ト號ス

關東ニテ所存ヲ申披ク

信定ハ逐電

信定子息信任、後宇多上皇ノ裁許ヲ得ル

信任、後醍醐天皇ト共ニ逐電

○竪紙、「仁和寺」額型朱印、縦三二・八cm、横五二・九cm、一紙、鎌倉後期、

法勝寺領肥前國藤津庄《(藤津郡)》志保田方并嵯峨照明寺等事

右、當庄者、爲當家累代之地、信家《(坊門)》卿領知之刻、未處分而令早』世之處、信顯《(坊門)》入道不得其讓、恣一身彼遺領等悉令押領之刻、』信兼《(坊門)》卿就訴申、弘安以來代〻被經御沙汰畢、隨而　伏見院御』代延慶二年、又爲雅俊《(藤原)》卿奉行、被尋下信顯入道之時、不得信家卿』讓之條、忽露顯之間、被究御沙汰渕底、去應長元年七月八日彼遺領』內藤津庄、信兼卿且預安堵　勅裁畢、爰信定《(坊門)》朝臣号信顯入道猶子、』於關東致非分沙汰、掠申子細之間、家淸《(坊門)》令參向關東、爲問住《(注)》所信濃』左近大夫貞連《(太田)》奉行、申披所存之時、信定朝臣稱故洞院左府《(實雄)》返狀、構出』謀作之條、依令露顯、可被罪科之旨、都鄙御沙汰嚴密之刻、逐電畢、』而謀書人信定朝臣子息信任《(坊門)》、又稱帶信顯入道讓、改篇目、掠給大學《(覺)》寺』殿《(後宇多上皇)》裁許、令領知之旨、就承及、家淸欲訴申之處、彼信任令　先帝《(後醍醐天皇)》御共』逐電畢、此上者、弥信家卿遺領等、家淸之外誰人可致管領哉、而今幸

應長ノ勅裁
關東請所

奉逢』有道善政之上者、尤任理運、可蒙　勅裁者也、且号一門之仁、悉
先帝奉』公之輩也、家清一身者、致當御代奉公、奉待御　治世之上者、尤
預御』哀憐、且依應長　勅裁、被下安堵　院宣、且爲關東請所之地上者、』
任先例、被成下　院宣於關東、全知行、弥欲抽無貳忠勤而已、

…………………

五八　關東下知狀（後闕）　一通

○續紙、「仁和寺」額型朱印、縦三三・四cm、横五三・三cm、一紙、鎌倉後期、
左奥ニ繼目裏花押二顆アリ、

仁和寺南院領肥前國杵嶋南郷莊雜掌ト地頭ト相論

仁和寺南院領肥前國杵嶋（杵嶋郡）南郷庄雜掌与地頭白石六郎』左衛門尉通武相論
所務條々
一、公田下地事

地頭ノ非法ハ建暦以來

右、訴陳之趣枝葉雖多、所詮地頭非法事、建暦以來連々有』其沙汰、被
裁許之處、下知狀者、皆以雜掌稱掠給、通武依不』敍用之、弘安八年夏

弘安八年ノ夏、地頭職ヲ改易

同十一月還補

雑掌分以外ハ地頭ガ下地ヲ進止

建暦二年下知状

安貞二年下知状

内検

之比、被改易地頭職之時、所務條々者、被補』地頭之後、可被裁許之由、被仰下畢、而通武同十一月依還補、所』務事、有其沙汰者也、雑掌則給田拾町・雑免三十町・在家三十』宇之外者、地頭不可相綺下地之由申之、通武亦爲本地頭之上、一向』可進止下地之旨申之、爰如雑掌所進建暦二年十一月御下知《状》者、以』給田拾町・雑免三十町・在家三十宇、爲地頭得分、於其外之新儀』非法者、一向可停止云々、爲加徴以下得分物代、地頭可引募彼田・在』家之由、被仰下歟、若彼田・在家之外、一向不可相綺下地者、何可』有地頭之号哉、且如安貞二年十二月下知状者、百姓逃死亡跡事、預』所・地頭相共沙汰居百姓、可令弁勤所當公事云々、地頭可相綺』□地之条分明也、一《是》、次如同下知状者、雑掌覺舜申云、内検之時、』□〔地カ〕頭通俊不顧熟否、或參分貳、或稱皆損、非啻定自名之損』

〇「御」「状」ノ紙背ニ一顆宛裏花押アリ、

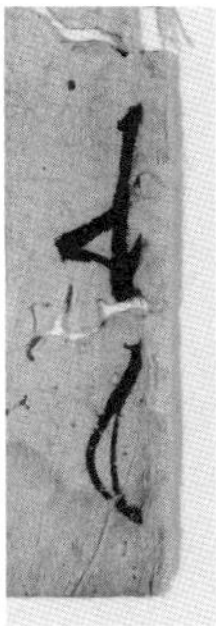

○繼目裏花押

○裏花押

五九　後宇多上皇院宣

一通（圖版6）

○竪紙（現裝ハ貼繼）、「仁和寺」額型朱印、縱三三・五cm、横第一紙五三・六cm、第二紙五三・三cm、二紙、鎌倉後期、

報恩院事、遍智院若宮（聖尊法親王）』可有御管領之由、去年』雖被仰、有子細、於今
者、』不可有其義、可令存知』給之旨、』
御氣色所候也、仍執達』如件、（第二紙）
十一月四日　宣房（萬里小路）
謹上　内大臣（道順）法印御房

醍醐寺報恩院
聖尊ノ管領ハ
有ルベカラズ

六〇　某書状（後闕）　一通

○竪紙、「仁和寺」額型朱印、縦三一・九cm、横五一・八cm、一紙、鎌倉中期、料紙右端ニ切封紐痕アリ、

阿波國篠原荘中分ノ文書

但馬國和賀荘ノ雑掌

（阿波國勝浦郡）篠原庄中分文書』二巻領家方分正文、地頭方分案文、正文地頭分取之、』・分形二紙正文、進之候、』進置候歟之由、申入候之條、』僻案之至、恐惶候、兼又』（但馬國朝來郡）和賀庄雑掌已遣召』候了、隨左右可申入也、』

……………

六一　能定書状　一通

○竪紙、「仁和寺」額型朱印、縦三一・四cm、横五六・六cm、一紙、院政期、

二箇所御莊

（端裏書）「能定書状」

今日ゝ次よく候へは、二箇所御庄の□［　　］』くわの入帳の注文ともまいらせ候、□［　　］』これをけふまいらせさせ給へし［　　］』さて御年貢の事

検注アルベシ

もおほせくたさ[　　]』へきなり、うちまかせ可有検注□[　　]』使のまか
りくたるへきにて候な[　　]』なかにもつくしはひさしく人も□[　　]』さす
おろ〳〵にした〻められて候[　　]』ま〻に候へは、御使まかりくたりてと
[　　]』く候へき、このよしを申させ給[　　]』し、
わたくしに申候、思《これは》はさるほ[　　]』庄をあつかりて候〔×て候〕とのみおほえ候
□』申やるへきやうも候はぬなり、

六月十日　　　能定上

威儀師御房

……………………

六二　某荘年貢散用状（前後闕）　　一通

○續紙、「仁和寺」額型朱印、縦三二・三cm、横四七・九cm、一紙、鎌倉後期、

二石五斗二升番損　二石五斗二升假屋

麦

藍茜代

花紙代

一石二斗六升修理米米

已上十八石七斗五升

定米五百八十石四斗五升八合二勺

一、畠廿八町六勺〔反〕卅五代

地子麦貳拾八石六斗七升單定、毎年不作注可在之、

一、色々濟物事

弥新田錢四貫六百九十五文

藍茜代五貫六百百（ママ）四文

花紙代一貫四百七十六文

番木灰九百六十文

名木灰八百四十文

已上十二貫八百五十

大在家八宇役紙三十二帖　家別四帖

小在家二十八宇麻二十八目　家別一目

節季糖十二桶
仕丁十二人
一、預所在庄得分事
合
御給四十二石但御年貢内立用也、坊仕三个月

……………………

吉田新莊
本家ハ十一面堂
開發本主、源時俊ニ寄進
久安ニ莊號

六三　吉田新莊相傳系圖　一通

○竪紙、「仁和寺」額型朱印、縦三一・六cm、横四八・九cm、一紙、鎌倉中期、

（端裏書）
「□(吉カ)田新庄御相傳系圖」

吉田新庄御相傳系圖

本家十一面堂當庄開發本主大和行光寄進宮内卿(源)時俊朝臣、久安庄號云々、

領家職

領家職宮内卿時俊―刑部少甫〔輔〕寛康(源)―後家

西妙 後家 姉―藤原氏―故坊門内大臣(信清)家御娘因幡御前―當領家 准后

六四　後醍醐天皇綸旨案　一通

○竪紙、「仁和寺」額型朱印、縦二九・七cm、横四八・四cm、一紙、室町前期、

丹波國三箇北荘前下司ノ濫妨

(端裏書)「三个北庄綸旨案 元弘三」

丹波國三个北庄(多紀郡)前下司』直綱濫妨事、止其妨、可』全所務之由、可有御下知之旨、』天氣所候也、以此旨、可令』申入仁和寺宮(入道法守親王)給、仍執達如件、

元弘三年七月三日　左少弁(中御門)宣明

謹上　大教院(禪隆)法印御房

鎌倉遺文㊷三二七六三

六五　越中國石黑莊廣瀬鄉山本村一分地頭和與狀　一通

○竪紙、「仁和寺」額型朱印、縦二九・九cm、横四九・七cm、一紙、鎌倉後期、
上部闕損、

越中國石黒莊
廣瀨鄉
雜掌ト山本村
一分地頭ト相
論
和談
三分ノ二ハ地
頭請所

（端裏書）
「□□鄉山本村一分地頭孫八」

□与

越中國廣瀨鄉（礪波郡）雜掌經泰与山本村一分地頭』孫八定頼相論三分貳壹事
□□〔以カ〕和談之儀、於三分二御年貢者、爲地頭請所、』□年七貫文不論旱水損亡、
翌年三月中』□進濟京都、但國中平均大損亡之時者、可被』□〔減カ〕五分壹、且雖
爲一粒、致未進懈怠之儀者、』□〔可カ〕分召所領四分三於領家御方、然者相互向』
後不可有違乱者也、仍爲後日、和与之狀如件、

元弘三年十二月十四日　藤原定頼代定利（花押）

定頼在國之間、秀定加判刑〔形〕
（花押）

（秀定花押）

六六　沙彌觀實請文　…………　一通

○竪紙、「仁和寺」額型朱印、縦三二・七cm、横五二・五cm、一紙、南北朝、

肥前國杵嶋南郷
和與中分ヲ遂グベシ

肥前國杵嶋（杵嶋郡）南郷御年貢未進以下』所務条〻事、雖被經御　奏聞候、』所詮候、
被止御沙汰、忩御下向候者、觀實』罷下候天可遂和与中分節候、若此条僞』
申入候者、佛神御罰於可罷蒙候、』以此旨、本所可令申入給候、恐惶謹言、

建武元年三月三日　　沙弥觀實上　○裏花押アリ、

進上　預所殿御方

六七　雑訴決断所寄人評定文　…………　一通

雜訴決斷所建武元年

御室廳雜掌ト南勝院雜掌ト相論

但馬國新井莊本所一圓進止ノ地

師資相承ノ地讓狀

○竪紙、「仁和寺」額型朱印、縦三二・五cm、横五〇・七cm、一紙、南北朝、

雜訴決斷所建武元年十月十七日

御室廳雜掌与南勝院雜掌相論但馬國新（朝來郡）』井庄事

右、如御室廳雜掌申者、當庄者、爲本所一圓進止』地之間、爲寺恩、隨時被充行所務職於寺僧等之條、往古』流例也云々、如南勝院雜掌申者、當庄者、爲南勝院坊』領、師資相承無依違之地也、仍故眞光院僧正（禪助）坊御讓狀』明鏡也云々、兩方申詞如此、御室廳者、根本爲御室領之由、數』通證文備進之、南勝院方者、爲根本院家領之旨、支證』不分明歟、然者御室廳所申有其謂哉、兩方訴陳具書等進』上之、

（別筆1）「（坂上）明成」

（別筆2）「（中原）章兼」

（別筆3）「（中原）眞惠」

（別筆4）「（二階堂）成藤」

（別筆5）「（雑賀）西阿」
（別筆6）「専光」
（裏書）「（花押）　奉行職事藏人左衛門權佐』（岡崎）範國判也」

……………………

六八　後醍醐天皇綸旨案　一通

○竪紙、「仁和寺」額型朱印、縦三二・七cm、横五〇・二cm、一紙、南北朝、

但馬國新井莊
雜訴決斷所ノ
注進

（端裏書）「綸旨案」

但馬國新井庄（朝來郡）、任決斷所』注進、御管領不可有相違之由、』
天氣所候也、以此旨、可令申入』（入道法守親王）仁和寺宮給、執達如件、
　建武元年十月十七日左衛門權佐（岡崎範國）判奉
謹上　大敎院（禪隆）法印御房

……………………

六九　性舜進上攝津國忍頂寺文書目錄　一通

攝津國忍頂寺

○竪紙、「仁和寺」額型朱印、縦三二・〇cm、横四一・二cm、一紙、南北朝、

□目録

□□暦三年十二月十三日

貞應元年下知状

一通　□□□〔下カ〕知状　貞應元年八月三日

已上兩通令申出之處、御沙汰落居之間、返上之、

院宣

一通　院宣　六月廿六日

院宣案

一通　院宣案　十二月六日　正文者、所被与奪于武家也、

○第一一五號參照、

施行案

一通　菊亭御施行案(今出川兼季)十二月七日　正文同前、

○第一一五號參照、

建武四年引付奉書案

一通　引付奉書案　建武四年十二月廿七日

○第七〇號參照、

右陸通、所進上之状、如件、

建武四年十二月廿九日　性舜(花押)

(追筆)
「追進

建武五年引付重奉書案

一通　引付重奉書案建武五年閏七月廿七日

○第七一號參照、

建武五年八月十八日　」

七〇　室町幕府引付頭人奉書案　……………　一通

○竪紙、「仁和寺」額型朱印、縦三二・五cm、横五二・四cm、一紙、南北朝、

攝津國忍頂寺寺邊村以下ノ村々中澤佐綱ノ濫妨雜掌ヲ沙汰居

（端裏書）「引付奉書案」

攝津國忍頂寺（嶋下郡）〻邊以下村〻雜掌申』佐綱（中澤）濫妨事、申狀・具書如此、就　院宣、』其沙汰訖、早可被沙汰居雜掌於地下、』若遵行之後、重濫妨之旨相觸之者、』毎度雖不被仰、不日莅彼所、如元致』沙汰、可被注進子細之狀、依仰執達如件、

建武四年十二月廿七日　前筑後守（小田貞知）判

（範資）赤松美作權守殿

表書云

赤松美作權守殿　前筑後守貞知

七一　室町幕府引付頭人奉書案　一通

○竪紙、「仁和寺」額型朱印、縦三二・七㎝、横五一・一㎝、一紙、南北朝、

攝津國忍頂寺
寺邊村以下ノ
村々
雜掌ニ沙汰付

（端裏書）
「引付重奉書案」

攝津國忍頂寺（嶋下郡）雜掌申寺邊以下村〻事、』重申狀・具書如此、就　院宣、成奉書之處、中澤』次郎左衛門尉佐綱雖申子細、所不被許容也、不日』沙汰付雜掌於彼下地、可執進請取狀、遵行之後、』濫妨輩出來者、每度雖不被仰、如元致沙汰、可被注』申子細、若令遲引者、任被定置之法、可被處罪科之』狀、依仰執達如件、

建武五年閏七月廿七日　散位（長井廣秀）判

赤松（範資）美作權守殿

表書云

長井大膳權大夫
散位廣秀

赤松美作權守殿

七二　某申状

一通

○續紙、「仁和寺」額型朱印二顆、縦三二・五cm、全長一〇三・六cm（第一紙五一・九cm、第二紙五一・七cm）、二紙、南北朝、

甲斐國稲積莊役ノ衣服用途建武四年分ヲ夏衆、訴申ス
建武二三四年分ハ郷々地頭等、抑留ス
兵粮米
院宣・御教書
東國動亂ニ依リ鎌倉へ
建武四年分ハ辨濟セズ

稲（甲斐國）積庄役衣服用途事、建武四年之分』年貢卌貫文、既到來之處、無沙汰之
由、『夏衆訴申之、而當庄年貢事、建武二三』四年者、當庄郷〻地頭惣領・
庶子十八人、寄』事於兵粮米、猥令抑留之、不及弁濟之間、』□　院宣・御
教書就訴申武家、來十二月』以前企參洛可明申之旨、去年十一月日充于』□〔郷〕
〻十八人地頭、各雖被成下御教書、依東國』動乱、号馳向于鎌倉、不及請
文・散狀之上、不致』年貢弁濟之間、重擬訴申者也、仍去年建武』四年之分、
地頭等更不及弁濟之間、使者手空而』令歸洛者也、而卌貫文替上用途者、
非年貢、在』國之間、宿所之家主幷兄弟等爲取下要用之』物之私替用途之由
申之間、以此趣、捧請文者也、』□〔就カ〕之訴陳二問二答畢、仍夏衆申狀悉可令』

夏衆、武家ノ侍所ニ子細ヲ掠メ申ス

商人ヲ召取ル

乞索状ヲ責取ル

返進之由、就被仰下、去月廿日申狀等悉令返進了、』而夏衆不相待上裁、閣此御所御沙汰、構一事』〔第二紙〕兩樣之姧訴、於武家之侍所掠申子細、夏衆』相共召取替錢請取商人、及推問相尋子細之處、』爲年貢濟否之事之間、非檢斷之沙汰、於當所』稱不及執沙汰、被返渡于件商人於夏衆畢、』□〔于カ〕今夏衆方搦置者也、商人誤何事哉、是則加』强禁、任雅意、爲責取乞索狀歟、所行之企、甚非』沙汰之法者也、隨如案責取厭〔壓〕狀之後、夏一代宗海』去四月廿七日・同廿九日重申狀幷請文二通、將又副進』具書二通捧之、一通者、四月十日替錢請取商人申』詞云々、如彼狀者、年貢用途之由所見無之、一通者、四月』廿四日同商人白狀云々、如彼狀者、加强禁、任雅意、所責』取之乞索狀也、云文章、云辭儀、乞索之条、併可足』高察者乎、然者云申詞、云白狀、不足指南者也、將又』商人替文分明上者、非年貢之条、不及子細者乎、早且』替錢請取商人無其誤上者、不日可令放免之由、』被仰下夏衆方、且云一事兩樣之濫訴之罪科、』云此御所御沙汰蔑如仕重科、旁以不輕罪責』上者、

吉田社領因幡國味野郷

社領等ニ宣旨ヲ下サル先例

山城國乙訓神田

丹波國石田荘

周防國小白方荘

越前國鳥羽荘

河内國厚見荘

山城國池田荘

美濃國仲北荘

不日可被棄捐夏衆無法之濫訴者也、

……………

七三　官宣旨案　一通

○續紙、縦二九・八cm、全長六三・七cm（第一紙四六・〇cm、第二紙一七・七cm）、二紙、南北朝、

（端裏書）「味野郷被成庄官符宣案」

左辨官下因幡國

應因准先例、永停止後□〔司カ〕［　　　　］』以下、爲吉田社領當國味野郷（高草郡）壹

處事

右、得彼社今月日解狀偁、謹考案內、當社者、』華洛擁護之神明、藤家歸敬之祖宗也、仍』社領等、被下宣旨、被斷末代之違乱者、承前』之例也、所謂長和山城國乙訓神田、壽永丹波』國石田庄（桑田郡）・周防國小白方庄、嘉祿越前國鳥羽』庄（今北東郡）、寬喜河內國原〔厚〕見庄（古市郡）、嘉元山城國池田庄（紀伊郡）、』建武美濃國仲北庄等是

國衙別納之地
建武四年軍勢ニ追捕セラルル第一御體神寶ヲ調獻
莊號ヲ被ラン

也、爰因幡國味野』鄉者、依爲國衙別納之地、今年四月十七日被』奉寄當社之間、去建武四年軍勢所追捕』之第一御躰神寶可令調獻之、其後者、限永』代、令勤仕四〔季〕年御神樂并金剛般若經・仁王經』等轉讀、可奉祈一天太平・四海安穩者也、望』請天裁、因准先例、被下宣旨、被庄号、永被』停止國衙之妨、且向後被免除大小勅院』事以下他役者、將仰神威之貴、弥抽御』(第二紙)祈之忠者、權中納言藤原朝臣隆蔭(油小路)宣、奉』勅、依請者、國宜承知、依宣行之、

曆應三年七月廿二日　大史小槻宿禰(匡遠)判

權右少辨藤原朝臣判

……………………

七四　仁和寺寶幢堂文書案　一通

○續紙、「仁和寺」額型朱印、縱三一・六cm、全長九五・一cm（第一紙四五・七cm、第二紙四九・四cm）、二紙、南北朝、繼目裏花押アリ、

(1)權少僧都幸賀堂舍等讓狀案

讓与

仁和寺寶幢堂

右、仁和寺寶幢堂佛閣・本尊・御舎利』・佛具等、田薗・聖教等別目録在之、悉所奉』譲渡宰相律師御坊禪仙也、不可有他妨、』佛事幷日比扶持仁共無牢籠之儀、可被』致其沙汰、敢本尊・聖教不可他散、仍所譲与之』狀如件、

暦應五年三月十六日　權少僧都幸賀在判

病席之間、以了任筆用之畢、於名字・判形者、自筆也、

⑵權少僧都幸賀置文案

注置注文事

合

大師御作

大師御作箱三合比丘尼阿性した、めをかる、相稱〔構〕不可他散、

三寶院

三寶院一流皮籠一合卽相副灌頂重書、

勸修寺

勸修寺一合卽相副灌頂重書、相副御筆不空羂索、

傳法院

（第二紙）

傳法院一合卽相副灌頂重書、相副本願不動、

寶持院

寶持院一合

成喜院
理性院

寶幢堂ノ舎利
讓狀
伊勢國是近別
名

寶幢堂ハ比丘
尼阿性ノ本願
周防國二嶋秋
穂荘
菩提院
寺邊ノ名田・
坊舎敷地等

一合成喜院・理性院入合重書
　大日經　金剛頂經　蘇悉地經　孔雀經等在之、
一、寶幢堂御舎利、自宣雅中納言法印手讓狀不』明也、幷彼所領伊勢國是近
　別名永代相傳相承』文書在之、當知行無相違、
一、彼寶幢堂者、比丘尼阿性之本願也、依此、被寄附』周防國(吉敷郡)二嶋秋穂庄後
　家領菩提院御教書在之、』仁和寺〻邊名田等幷坊舎敷地等、卽阿性御坊』寄
　進也、如日比相稱佛事等、無退轉可有其』沙汰者也、
右、所注置如件、
　　曆應五年三月十六日權少僧都幸賀在判
(裏書)
「(繼目裏花押)一条威儀師判也」

……………

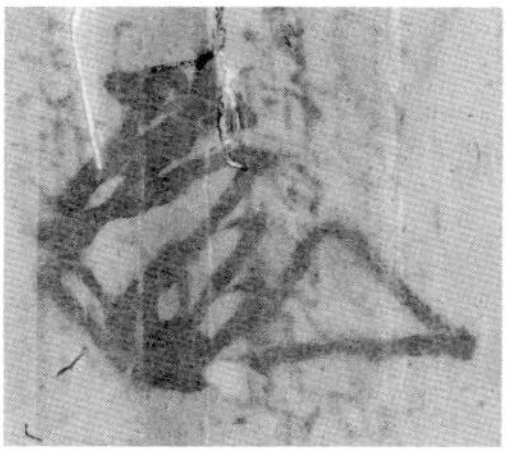
○繼目裏花押

七五　讃岐國法動寺莊見作田目録　　一通

○續紙、「仁和寺」額型朱印二顆、縦三〇・八cm、全長九七・一cm（第一紙四八・八cm、第二紙四八・三cm）、二紙、南北朝、

（端裏書）
「目録」

（鵜足郡）
法動寺御庄

注進　康永二年見作田目録事

合

見作田十一丁三段

損田八町七段□□〔三百カ〕五十歩

得田二丁五段十歩

除佛神用田

日吉給一反

人給

讃岐國法動寺
莊

康永二年

綿
白苧
紅花
炭
漬物大豆

正検校給一反
定得田貳町三段十歩
分米拾三石八斗一升六合
寺用分四石二斗二升九合
定公物・玖九〔×八〕石五斗八升七合
春田佃給四丁三反半廿歩
分米六石六斗一升三合
綿代　分米二石三斗三升五合
白苧代　分米一石一斗七升二合
紅花代　分米一石五斗
柒〔染カ〕花代　分米四斗七升三合五勺
炭代　分米九斗二升九合五勺
（第二紙）
漬物大豆代　分米三斗一升六合

袙帷

寺岡社

宇夫階

若王子

袙帷代　　分米八斗五升八合

并米貳拾三石七斗八升四合

國下一石六斗八升

寺岡社十一月一日御神七斗　　法勳寺并諸社御檀〔壇〕供一斗二升

宇夫階土分一斗　　御倉祭二斗

若王子海安一斗二升　　七月十八日王子神事一斗

競馬酒料九升　　九月十七日御□〔旅カ〕所酒肴七升

法勳寺并寺岡社海安一斗八升

殘定公物貳拾二石一斗四合

右、太略注進如件、

十月十一日　　案主代僧(花押)

公文代沙弥(花押)

田所代紀(花押)

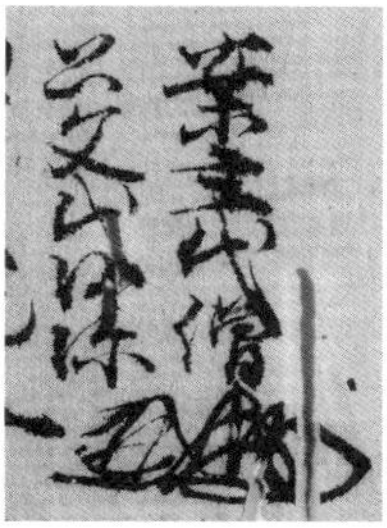

御代官僧（花押）

七六　讃岐國法動寺莊春田進未散用狀　一通

○續紙、「仁和寺」額型朱印、縱三一・二cm、全長九四・一cm（第一紙四七・四cm、第二紙四六・七cm）、二紙、南北朝、

讃岐國法動寺莊
康永元年

（端裏書）
「□永元年」

注進
（鵜足郡）
法動寺庄康永元年春田色〻進未散用狀』事

合

大旱魃

一、於當年現作田者、依爲大旱魃、段歩得田無之候、

預所
逃亡名

一、春田色〻分米六石九斗四升四合
所濟五石七升五合　先預所殿徵納
庄未進壹石八斗六升九合　逃亡名分

山林ニ入ル

一、秋畠地子柒石三斗三升一合
除貳石四斗二升七合　田代新免畠等三丁三反小十歩分
定公物四石九斗三合
所濟壹石四斗七升八合　當御給主御徵納
庄未進三石四斗二升五合內 一石八升五合　逃亡名分
二石三斗四升　依當年損亡、山林入百姓』
不弁之、

胡麻

一、胡麻七石三斗一升內
（第二紙）
除
二斗四升九合　田代一丁二反九十歩

六斗一升三合　地頭新立居分

殘定公物六石四斗四升八合

所濟四石五斗八升八合

庄未進一石八斗六升

一、兵士〔士〕用途貳貫文内

壹貫文　先預所殿徴納

壹貫文　當御給主御方

右、太略散用如件、

康永元年十二月　日案主代僧（裏花押）

公文沙弥（花押）

田所代紀（裏花押）

御代官（花押）

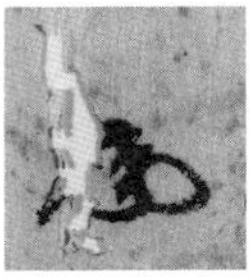

（案主代僧）

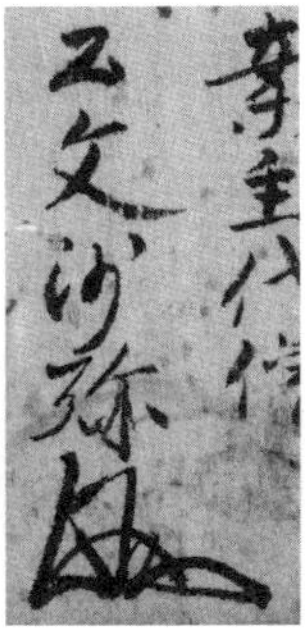

（田所代紀）

七七　足利直義御判御教書案　一通

○竪紙、「仁和寺」額型朱印、縦二八・七cm、横四五・六cm、一紙、室町前期、

安國寺

當寺事、爲隱□□』安國寺、寄寺領、可令』興隆之狀如件、

(追筆)「三條殿」貞和二年後九月廿九日左兵衞督御判

富貴寺長老

七八　足利直義下知狀案　一通

○竪紙、「仁和寺」額型朱印、縦二七・一cm、横四四・八cm、一紙、室町前期、

紀伊國濱仲莊
南方ハ寺家、北方ハ地頭
文永元年關東ノ成敗
一分地頭
曆應元年以來押領

御室雜掌良勝申紀伊國濱仲庄(海部郡)南方』事

右、當庄内於南方者、寺家令進止、至北方者、』地頭可管領之由、文永元年六月八日關東成』敗狀炳焉也、而一分地頭湯淺八郎左衞門尉(宗利)』法師法名道曉、曆應元年以來押領新田八段余・在家』五宇・山海等之由、雜掌訴申之處、如道

中分ノ地

曉代』實光陳狀者、領家方下地押領事不實也、當』庄者、爲中分地之間、曾無異論致所務云々、不』相綺之由、出狀之上者、罪科事不可憒申、爲後』證、可預裁許之由、雜掌所申也、然則於彼地者、』雜掌可令知行之狀、下知如件、

貞和二年十月廿七日

錦少路殿
左兵衛督源朝臣在御判

……………………

讃岐國法勳寺
莊
領家方

七九　讃岐國法勳寺莊領家方內檢目錄（後闕）　一通

○續紙、「仁和寺」額型朱印二顆、縱三〇・〇cm、全長八四・九cm（第一紙四二・三cm、第二紙四二・六cm）、二紙、南北朝、

（端裏書）
「□〔法〕動寺御庄御年貢目錄貞和五」

注進

讃岐國法勳寺（鵜足郡）御庄領家御方內檢田目錄事

合

現作田捌町伍段大十歩

損田肆町七段半四十歩

得田參町八段三十歩

除日吉給壹段半三十歩　元一丁

殘得田參町六段半

尚除寺用九段四十五歩　元三丁一段百五十歩

人給正檢交給大四十五歩　元五段

御使給四段百歩

雇佃　五段三百五十歩

殘定得田壹町六段小

（第二紙）

御佃壹町大十歩

分米六石四斗一升六合段別六斗代

所當田伍段半五十歩

綿
白苧
紅花
染花
漬物大豆
炭

分米二石八斗七升五合段別五斗一升代
三合米　分米八升四合五勺
春田佃十四町五段小内
除逃亡名々四丁一反十歩
定春田佃十町四段百歩
分米五石二斗一升五合
綿代　分米二石
白苧代　分米一石
紅花代　分米一石五斗
染花代　分米四斗
漬物大豆代　分米三斗一升三合
炭代　分米一石
已上二十石八斗三合五勺

寺岡社
若王子

恆例國下壹石九斗七升
一斗五升　法勳寺幷寺岡社海安
一斗　十一月十八日若王子御神事料
八升　同若王子海安
一石　十一月一日寺岡社御神事料
□□

……………………

八〇　丹波守護山名時氏遵行狀案　一通

○竪紙、「仁和寺」額型朱印、縱二九・一cm、横四九・六cm、一紙、南北朝、

(端裏書)
「御施行案文」
(追筆)
「校正了」

圓宗寺
丹波國三和勅
旨田

圓宗寺雜掌定勝申、丹波國三(氷上郡)』和勅旨田葛野新五郎致濫妨之由事、』御奉書

濫妨
雑掌ニ沙汰付

幷訴狀・具書如此、早任被仰下』旨、沙汰付地下於雑掌、可被執進請取之狀、』若有子細者、可被注申之狀如件、

觀應二年四月廿五日　　時氏在判

小林(重長)民部丞殿

……………………

八一　室町幕府引付頭人奉書案　一通

○竪紙、「仁和寺」額型朱印、縱二九・一cm、横三九・五cm、一紙、南北朝、

圓宗寺
丹波國三和勅旨田
濫妨
雑掌ニ沙汰付

(端裏書)「御奉書案」

(追筆)「校正了」

圓宗寺雑掌定勝申、丹波國』(氷上郡)三和勅旨田事、訴伏(狀)如此、葛野』新五郎濫妨云々、早守　院宣以下、』沙汰付雑掌於所務、可執進請取』之狀、若不承引者、爲處罪科、』以起請之詞、來月十日以前可被』住(注)申、使節又不可有緩怠之儀之狀、』依仰執達如件、

観應二年四月十九日　左衛門佐（石橋和義）在判

山名伊豆前司（時氏）殿

……………………

八二　義貞打渡状　一通

○竪紙、「仁和寺」額型朱印、縦三一・三cm、横五二・三cm、一紙、南北朝、

圓宗寺領丹波國三和勅旨田
奉書・施行
本所ノ雑掌

（端裏書）「三和勅旨打渡状　観广（應）二　五　十九」

ゑんしうし（圓宗寺）御りやうたんはの（丹波國）くに三和（氷上郡）のちよくしてん（勅旨田）の事、』御ほうしよならひに御しきやう』のむねにまかせて、ほんしよ』のさつしやう三郎ひやうへの』せうにうちはたすところ』（ママ）如件、

くわんおう（観應）二年五月十四日

義貞（花押）

きはたのさへもん三郎

……………………

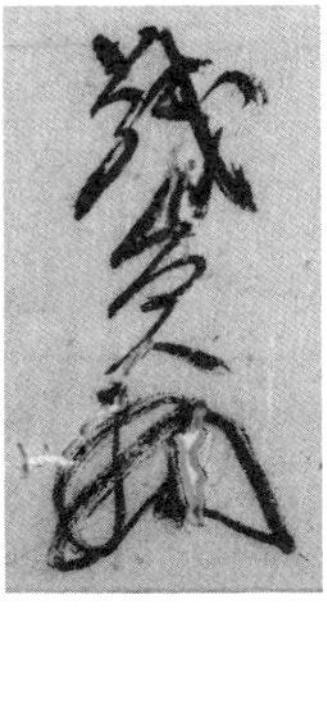

洞村　観應元年分
近津尾新宮　三十八所
八講　倉祭

八三　洞村年貢散用状（後闕）　　一通

○續紙、「仁和寺」額型朱印、縦二八・〇cm、横三九・六cm、一紙、南北朝、

（端裏書）
「□状観應□ 圓□□　」

洞村御年貢散用事観應元年庚寅分

合五拾五石五斗壹升者既得定、往古注文定、

此内除

四石八斗七升八合六勺参才被出寺家谷田一丁二反九十七歩分米也、

庄立用

壹斗近津尾新宮正月八日一日御供　　壹石五斗三十八所彼岸米

九斗六升十一月十八日八講米　　壹斗倉祭

壹斗八升二合下司雑免　　壹斗五升九月廿三日御忌日湯代

四斗貳升節養

已上八石貳斗九升六勺三才

又除
五石　竹御坊御給加法如房給壹石延定定、
十石　預所分
八斗參升二合　岸坊〻領二段分、本所當御免分、

……………………

八四　蓮寶寺堂舍等注文案　一通

○竪紙、「仁和寺」額型朱印、縦二七・〇cm、横四四・〇cm、一紙、南北朝、

蓮寶寺小木尾堂舍敷地山四至以下
四至
東限般若寺領自峯下之、
西限般若寺領、但尺迦堂以西之至于峯、』尺迦堂以南之古堀地在之、至
于松下谷西畔北端、

蓮寶寺
小木尾

般若寺領

釋迦堂

松下谷

松本田
童塚

大木尾領

本堂

如意輪観音

阿彌陀三尊

廊
食堂

寶藏

鎭守社

南限松本田畔北也、東者至于童塚、
北限般若寺幷大木尾領横峯、
本堂一宇　五間三面
本尊如意輪観音像一躰
阿弥陀三尊
廊三間加造合定、　卽食堂
　以東庇爲寶藏、
鎭守社一宇加茂　熊野　白山　松尾
　以下略之、
觀广〔應〕三九廿六奉行小納言
僧都禪嚴

……………………

八五　權少僧都禪嚴田地寄進狀案　一通

○竪紙、「仁和寺」額型朱印、縱二七・〇cm、横四五・二cm、一紙、南北朝、

平等金剛院

童塚芝

小木尾

寄進狀
蓮寶寺ノ證文

大教院領
丹波國鹿集荘
領家職
地頭等ノ濫妨

奉寄進　平等金剛院

童塚芝之事

四至

東ハ限童塚　西ハ限中墻

北ハ限小木尾山之下　南ハ限大道

右、小田一段之寄進狀、別紙在之、』幷蓮寶寺之證文三通進候、

觀广〔應〕三年壬辰九月廿九日　權少僧都禪嚴（判）

順知上人御房

……………………

八六　室町幕府引付頭人奉書　一通

○竪紙、「仁和寺」額型朱印、縦三二・二cm、横五〇・四cm、一紙、南北朝、

仁和寺大教院領丹波國鹿集庄（氷上郡）』雜掌盛圓申領家職事、申狀副具書、』如此、地頭

吉見三郎・同一族等濫妨云ゝ、早』於半分者、止地頭妨、可全雜掌所務之』

雑掌ノ所務ヲ全ウスベシ

由、可被下知守護代之狀、依仰執達如件、

文和二年十月十七日　　散位(大高重成)(花押)

守護(仁木頼章)

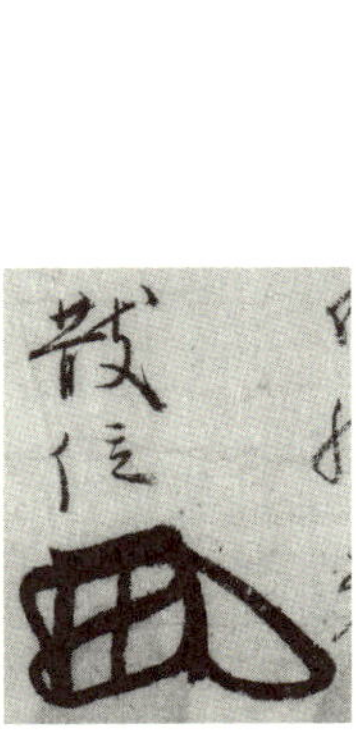

大和國中鳥見莊

(1)**室町幕府奉行人奉書案**

理證院雑掌

八七　大和國中鳥見莊重書案　　一通

○竪紙、「仁和寺」額型朱印、縱二四・〇cm、横四一・二cm、一紙、室町後期、

理證院雑掌申大和國中鳥見庄(添下郡)』事、爲嚴重地處、諸公事・人夫以下』難澁云々、

事實者、太不可然、早守』先規、嚴密可致其沙汰由、被仰出候也、』仍執達

如件、

广〔應〕永廿七月廿七日　　常廉(飯尾貞之)判

當所名主沙汰人中

(2)室町幕府管領奉書案

大和國中鳥見庄事、支證分』明之上者、領掌不可有相違之由、所』被仰下也、
仍執達如件、
广永廿六年十二月十七日　沙弥（細川満元）判
理證院御房

(3)室町幕府執事奉書案
國民等押妨ス

仁和寺理證院雑掌申當院領』大和國中鳥見庄事、國民等押』妨云々、　、、略
之、
文和三年八月八日　〔左カ〕右京大夫（仁木頼章）判
北戒壇院殿

…………………

八八　後光嚴天皇綸旨案　一通

○竪紙、「仁和寺」額型朱印、縦三〇・七cm、横四九・〇cm、一紙、南北朝、

（端裏書）
「□國司　綸旨案文和四年十一月二日到來」

近江國大嘗會米
仁和寺宮領
御訪米
譴責ヲ止ムベシ

近江國大嘗會米事、於』仁和寺宮門跡領等者、任先』規、爲御訪米被進了、
可止』譴責之由、可有御下知之由、』天氣所候也、仍上啓如件、
十月廿八日左兵衛督敎光（武者小路）
謹上　別當殿（今出川公直）

…………………

八九　後光嚴天皇綸旨案　一通

○竪紙、「仁和寺」額型朱印、縦二八・一cm、横四三・六cm、一紙、南北朝、
端裏ニ繼目裏花押アリ、モト連券、

圓宗寺
越中國石黒莊
山田郷

圓宗寺領越中國（礪波郡）石黒庄內山田郷、止』方〻違乱、可全寺用之』由、可有御
下知之旨、』天氣所候也、以此旨、』可令申入仁和寺宮（入道法守親王）給、』仍執達如件、
延文貳
十月七日　左中將隆家（油小路）
大藏卿法印御房

○繼目裏花押（端裏）

無量壽院領
美作國布施社
沙汰人、年貢
ヲ抑留

攝津國圓教寺
勅旨田
雜掌ニ沙汰付

九〇　後光嚴天皇綸旨案　一通

○竪紙、「仁和寺」額型朱印、縦三三・〇cm、横四四・五cm、一紙、南北朝、

（端裏書・朱書）
「綸旨寫」

無量壽院領美作國布施社』沙汰人禪性年貢抑留事、』
奏聞之處、事實者、甚以不可然、』嚴密可有尋御下知之由、』
天氣所候也、以此旨、可令申入』仁和寺宮（入道法守親王）給、仍執達如件、

貞治四年
後九月卅日　左京大夫行知（安居院）

大藏卿法印御房

九一　所領打渡狀　一通

○竪紙、「仁和寺」額型朱印、縦三一・四cm、横四九・一cm、一紙、南北朝、

仁和寺圓教寺領攝津國圓教』寺勅旨田事、一圓所沙汰付雜掌之』狀如件、

貞治五年九月廿九日

左衛門尉（花押）

右衛門尉（花押）

九二　法印親□田地譲状案　一通

○竪紙、「仁和寺」額型朱印、縦二八・七cm、横四八・七cm、一紙、南北朝、下部闕損、料紙下部中央ニ裏花押二顆アリ、

ゆつりわたす　一条よりきた賀茂［　］水田參町玖段の内田地［　］

合壹町者

右田ハ、さうてんちきやうさういなき地［　］しかるあひた、ゐいたいをかきりて明心［　］にゆつり申ところなり、このうへハ子［　］の中たれにても候へ、さらにいら［　］わつらひあるましく候、もしさやうの［　］く

一條以北ノ賀茂

相傳知行相違ナシ

明心ニ譲ル

公方ニテ罪科

はうにてさいくわに申をこなはれ候□』よてゆつり状如件、

應安七年十月廿六日　法印親□

此案文、可被准正文候也、

○裏花押1

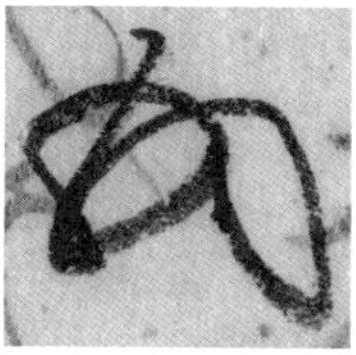

○裏花押2

……………………

九三　観音院見参料請取状　一通

○竪紙、「仁和寺」額型朱印、縦三一・八cm、横五〇・七cm、一紙、南北朝、下部闕損、

（端裏書）「観音田（ママ）見参料請取」

観音院政所

納　見参料事

合壹貫伍百文者

観音院政所

見参料

法命寺新長老

右、法命寺新長老御沙汰之』分、所納如件、

永和二年後七月十八日　公文大法師（花押）

執行威儀師（花押）

……………………

九四　美作國田中勅旨田文書目録　一通

○竪紙、「仁和寺」額型朱印、縦三〇・四cm、横四九・三cm、一紙、南北朝、

美作國田中勅旨

（端裏書）
「（別筆２）
「御櫃納」
田中勅旨事」

（別筆２）「美作國」
田中勅旨文書目六

観應二年請文

一通　観應二年五月十三日沙弥助圓請文

一通　同二年五月十四日藤原忠基請文

雑掌
二通　同二年五月十二日雑掌長玄請文

〃一通　同二年六月七日左衛門佐和義（石橋）状

貞治三年武家奉書案
〃一通　貞治三年十二月十四日武家奉書（別筆1）「案文」

文保二年散用状
〃一通　地下散用状　文保二年

正中二年
〃一通　同正中二年

嘉暦二年
〃一通　同　嘉暦二年

元弘三年
〃一通　同　元弘三年

以上

（別筆1）「合點六通維兼申出之、
永和二年十月廿一日遣守融』法印了、」

……………………

九五　源氏女田地賣券

一通

○竪紙、「仁和寺」額型朱印、縦三〇・六cm、横五〇・五cm、一紙、南北朝、

賀茂大宮郷

六年間賣渡ス

沽却　年毛田事

合六段者賀茂大宮郷七段田內除一反、水口定、

右田者、源氏女相傳當知行無相違之地也、』仍毎年相當之土貢四貫五百文也、
而依』有要用、充直錢拾五貫五百文、自明年』丁巳歳、至壬戌歳六个年之間、所
奉賣渡』中宗御房也、万一損亡事、四貫五百文內』員數令不足者、遂結解、
可被延引年記、』不然者、自來亥歳氏女可令知行者也、』更以不可及後日之煩
之狀如件、

永和貳年丙辰十一月晦日

賣主源氏女（花押）

請人基連（花押）

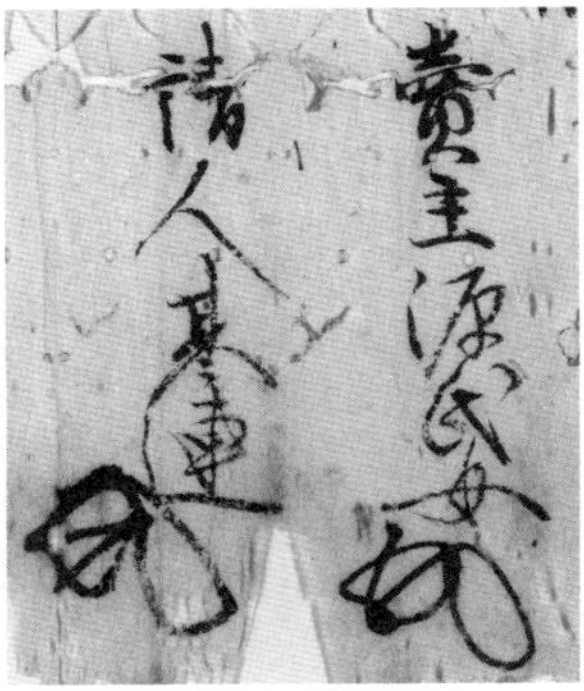

皆明院領
美濃國船木莊
十九條郷

……………………

九六　後圓融天皇綸旨案　　一通

○竪紙、「仁和寺」額型朱印、縦三一・三cm、横四五・六cm、一紙、江戸前期、

（端裏書）
「十九条綸旨永和四　二　廿五」

皆明院領美濃國（本巣郡）』船木庄内十九条郷事、』尼教名雖致訴詔〔訟〕、不』被聞食入之上
者、任』
舊院（後光嚴上皇）勅載〔裁〕、可令全知行』給之由、』
天氣所候也、仍執啓如件、
（朱書）「後圓融院　永和四」
　　二月廿五日　右大弁資廣〔康〕（日野）
謹上　石山座主僧正御房（杲守）

……………………

九七　御所修理料段銭配符　　一通

○縦切紙、「仁和寺」額型朱印、縦二八・四cm、横二三・四cm、一紙、室町中期、

入道靜覺親王ノ廳
御所修理料段別准錢
攝津國穗積莊
目錢

入道無品親王（靜覺）廳（花押）
可早進濟　御所御修理料段別准錢事
攝津國穗積庄（豐嶋郡）田貳百町　段別百文
分錢貳百貫文　可有目錢
右用途者、御所御修理料、所被配召諸御領段別准錢也、』不謂仏神免田、
不論人給・別納、來廿五日以前可令進濟』之狀如件、
康正三年七月二日　公文大法師（花押）

……………………

越中國石黑莊
山田郷

九八　足利義滿御内書案　一通

○竪紙、「仁和寺」額型朱印、縱二七・七cm、横四六・二cm、一紙、室町後期、

越中國石黑庄（礪波郡）内山田郷』返進候之由、可被申仁和寺（入道法守親王）』宮候也、謹言、

康暦元
七月十日　　　御判

奥書分（日野資康）
藤中納言殿

表書分
藤中納言殿　　義—

九九　足利義満御内書案　　一通

○竪紙、「仁和寺」額型朱印、縦二七・八cm、横四四・五cm、一紙、室町後期、
○第九八號ト全ク同文ノタメ翻刻省略、但シ本號ニハ右端・左奥裏ニ繼目裏花押アリ、モト連券、

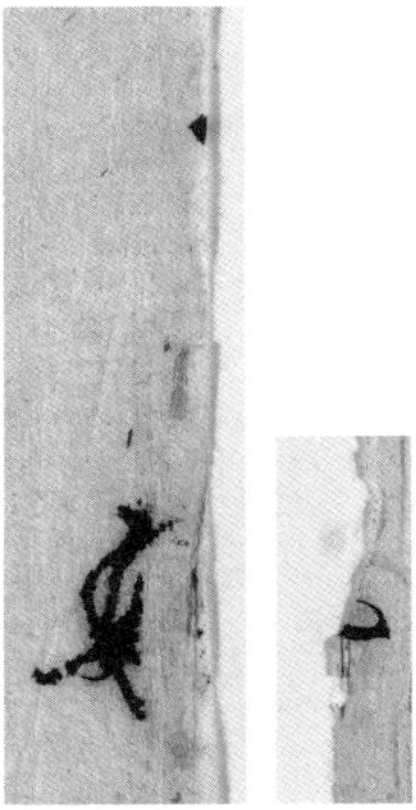

○繼目裏花押
（右端裏）（左奥裏）

一〇〇　日野資康年貢請文案　　一通

圓宗寺領越中國石黒莊山田鄉

菩提院門跡

當年ヨリ五十箇年間ノ契約

半濟

武家御內書

案文ハ裏ヲ封ズ

正文

○竪紙、「仁和寺」額型朱印、縦二八・九cm、横四二・四cm、一紙、室町後期、

（端裏書）
「日野按察中納言請文案山□□（康カ）□」

請申　圓宗寺領越中國石黒（礪波郡）庄內山田鄉事

右、當鄉者、爲當寺領、付菩提院門跡、代〻御相傳』地也、而遵行事依致籌策、自當年己未歳至于戊』申歳、限五十个年御契約之上者、不謂旱水損・諸』事之煩、每年無不法懈怠、土貢佰柒拾貫文可執進』御門跡也、但當鄉半濟之儀幷天下當國擾乱出來之』時者、可被任現在、次武家御內書、則雖可進置御』門跡、爲沙汰依有細〻用事、先所預置也、案文封』裏進之、於正文者、追必可令進也、若条〻雖爲一』事違乱之儀令出來者、不日可被改御契約之』儀、其時不可申一言子細、仍爲後日、請文之狀如件、

康曆元年十月廿二日權中納言資康（日野）在判

日野
按察中納言請文山田鄉事康厂二十二（曆）

攝津國穗積莊
領家職
六十名
雜掌ニ沙汰付

丹波國三和品
田

一〇一　攝津守護澁川滿賴奉行人奉書　　一通

○竪紙、「仁和寺」額型朱印、縦三〇・七cm、横五〇・二cm、一紙、南北朝、

攝津國穗積(豊嶋郡)庄雜掌申』當庄領家職号六十名、事、退』違乱之輩、沙汰付下地於

雜掌』可被申左右也、仍執達如件、

康暦元年十一月三日沙弥(花押)

刑部丞(花押)

兩守護代

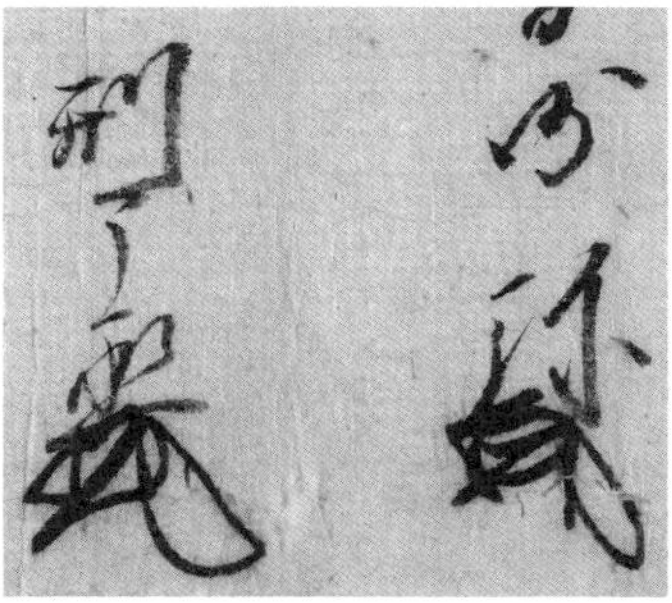

一〇二　仁和寺御室入道法守親王令旨　　一通

○竪紙、「仁和寺」額型朱印、縦三〇・五cm、横四九・〇cm、一紙、南北朝、

丹波國三和品田(氷上郡)、有』御奉行、可令執進御』年貢給之由、宮(入道法守親王)御消息』所候也、

宗賢謹言、

康暦元年十二月廿五日法眼（花押）

進上尊勝院僧正御房

……………………

一〇三　光明院置文案　　一通

○竪紙、「仁和寺」額型朱印、縦二三・九cm、横三九・三cm、一紙、室町中期、

藏光庵

上村ノ五十貫ハ僧食

丹波國弓削ノ百貫ハ寶塔婆・長樂寺護摩堂ノ造營

天龍寺ノ回祿

（端裏書）
「□明院殿御置文」

□〔弓カ〕削一万疋料足事、此足者、『□僧滅後、永代可爲藏光庵』□〔資カ〕縁之条、治定既畢、雖然』至于第三回、如日來、以上村土』貢内五十貫、爲僧食、於弓削』〔丹波國桑田郡〕百貫者、一圓可充鷲□〔峯カ〕』宝塔婆・長樂寺護摩堂』造營、但天龍寺最初廻祿』之時、寄附之要脚内五十貫』□□〔不被カ〕進畢、平生雖嵯〔嗟〕傷』無力于究濟、空過一生畢、』以此内五十貫、須有立用』哉、於第三年以後者、急可』□藏光庵者也、』

如此雖申定候、當年者、云沒後□□〔御佛カ〕』事、云先立借物、所殘不可有幾

□、』自明年可爲三个年者也、

康暦貳年六月廿四日

御判

…………………………

一〇四　越前國河和田莊年貢支配狀　一通

○竪紙、「仁和寺」額型朱印、縦三一・三cm、横四八・五cm、一紙、南北朝、

越前國河和田莊

御忌日料足

康暦二年分

眞光院僧正

尊勝院僧正
同國眞柄莊

河和田（今北東郡）庄御年貢百伍十貫文事

九月御忌日料足

依年可有增減、
拾參貫五百四十二文以康暦二年分注進之、

眞光院僧正給分

伍十貫文

尊勝院僧正眞柄庄（越前國今南西郡）替

貳十五貫文

成珍僧都
開田院奉行

公用方

(1)室町幕府管
領奉書案

攝津國忍頂寺
五箇村等

半濟給人
雜掌ニ沙汰

別ノ兩使

成珍僧都開田院奉行得分替

參十貫文此内十五貫六十四文當庄奉行得分、開田院奉行替、十四貫九百卅三文開田院奉行得分替不足、

以上　百拾捌貫五百四十二文

所殘　參拾壹貫四百五十五文此内公用方月充等

……………………

一〇五　仁和寺領重書案　一通

○續紙、「仁和寺」額型朱印二顆、縦二七・六cm、全長七六・〇cm（第一紙三七・七cm、第二紙三八・三cm）、二紙、南北朝、

（端裏書）
「攝州・江州・丹州三个國一圓御教書案皆第三度」

仁和寺宮御領攝津國忍頂寺（嶋下郡）五个村〻幷』國中所〻御領等注文在別帋、事、先度指日限、退』押領輩幷半濟給人等、一圓可被沙汰寺家雜（ママ）』掌之由、被仰之處、于今不事行云〻、太不可然、所詮於』今度者、來廿日以前不及遵行沙汰者、仰各別』兩使、不日沙汰付下地於寺家雜掌、可全一圓所務之』狀、依仰執達如件、

永徳二年十月七日　　　　　左衛門佐（斯波義將）判

澁川（滿頼）左近將監殿

(2)室町幕府管領奉書案　近江國ノ御領

仁和寺宮御領近江國所々御領等注文在別帋、事、先度』指日限、退牛濟給人幷押領人等、一圓可被沙汰付寺』家雜掌之由、被仰之處、于今不事行云々、太不』可然、所詮於今度者、來廿日以前不及遵行沙汰』者、以各別兩使、不日沙汰付下地於寺家雜掌、可』全所務之狀、依仰執達如件、

（第二紙）

永徳二年十月七日　　　　左衛門佐判

佐々木四郎（六角滿高）殿

(3)室町幕府管領奉書案　丹波國ノ御領

仁和寺宮御領丹波國所々御領等注文在別帋、事、』先度指日限、退押領人幷牛濟給人等、一圓可』被打渡寺家雜掌之由、被仰之處、于今不事』行云々、太不可然、所詮於今度者、來廿日以前』不及遵行沙汰者、以各別兩使、不日沙

汰』付寺家雑掌、可全一圓所務之状、依仰執達』如件、

永徳二年十月七日　　　左衛門佐判

山名（氏清）陸奥守殿

……………………

一〇六　美作國豐福南莊並讃甘下莊算用狀　　一通

○續紙、「仁和寺」額型朱印四顆、縱二八・四cm、全長一三九・五cm（第一紙三四・二cm、第二紙三四・一cm、第三紙三五・八cm、第四紙三五・四cm）、四紙、南北朝、

美作國豐福南莊
同國讃甘下莊
本所御方
宇平方・陶方

注進

美作國豐福南庄（英多郡）・讃甘下庄（吉野郡）本所御方』宇平方・陶方兩分目安

合

一、宇平分

國次名

國次名　壹町肆反伍拾歩

分米拾參石一升四合延定一反□□□□□□〔別九斗二升四勺ヵ〕

河上分

（第二紙）
一、河上分　壹反分米七斗八升六合七勺荒了、
一、陶方
國次名　伍段大伍步
分米伍石參斗二升七合延定

佃

佃一色貳段大貳石六斗四升四合二勺
兩分、以上貳拾石玖斗七升八合內
除
貳斗玖升三合八勺　九日給所
玖斗肆升　藏德分

神縄

（第三紙）
壹斗肆伍（ママ）合　神縄　打於路使
參斗肆升二合二勺　洞代
七斗二升五合四勺　下用分
三斗七升五合　蒼（ママ）付

貮石肆斗三升二合

以上伍石貮斗伍升三合四勺（追筆）「損亡」

殘定米拾伍石七斗二升五合

代用途拾貫三百七十八文石別六百六十

一、錢方伍貫六百八十貮文

除七百三十四文　吉永參段一色をろしの分、

百二文　九日流鏑之入目

以上八百三十六文

殘定錢四貫八百四十六文

以上米錢幷拾伍貫貮百二十四文內

（第四紙）

一、進上分　去年十二月三貫文本利共ニ伍貫貮百二十三文

壹貫文　四月進候（追筆）「上下粮物」

一貫伍百　現夫三人分

一貫文　布紺代
百六十文　御馬〻草料
以上捌貫八百
殘定錢伍貫八百（マヽ）四十一文
肆貫貳百　當年借分永徳三年□□□（廿カ）九日
彼是〻拾貫肆十二文　御立〻□□□
仍注進如件、
永徳三年十一月　日　公文（花押）
景重（花押）

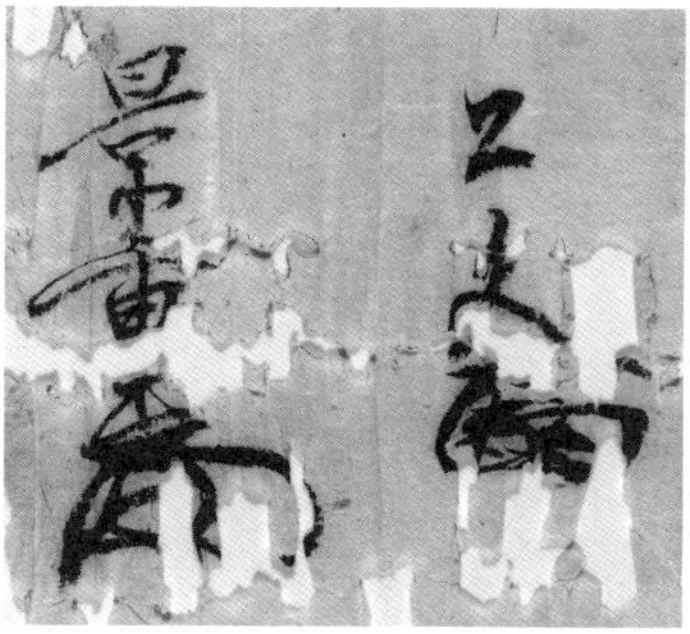

一〇七　室町幕府管領奉書　一通

○竪紙、「仁和寺」額型朱印、縦三〇・八㎝、横五〇・〇㎝、一紙、南北朝、

近江國所々ノ
牛濟
雜掌ニ沙汰付

仁和寺雜掌申近江國所々』牛濟事、申狀・具書如此、先度被』仰之處、不事行云々、早佐々木大膳大夫(高秀)』相共、止牛濟之儀、任注文□』一圓』可沙汰付雜掌、若有子細者、可被』注申之狀、依仰執達如件、

至德元年九月十七日左衛門佐(斯波義將)(花押)

佐々木(六角滿高)備前〔中ヵ〕入道殿

一〇八　春屋妙葩書狀　　一通

○竪紙、「仁和寺」額型朱印、縱三〇・六cm、橫四八・二cm、一紙、南北朝、

維那田本宗役

先日蒙仰候維那』田本宗役事、不可』有子細候、嚴密可』申付候、以此旨可有』御披露候、恐惶敬白、

(別筆)「至德貳年」
十月十二日　　妙葩上

惠命院御坊

山城國開田段銭・人夫以下ノ臨時課役

一〇九　足利義満御判御教書案　一通

○竪紙、「仁和寺」額型朱印、縦三〇・二cm、横四八・二cm、一紙、室町前期、

(端裏書)
「御判御教書案」

仁和寺御室雑掌申山城國』(乙訓郡)開田段銭・人夫以下臨時課役』事、向後可停止催促之状』如件、

明徳四年四月四日　御判

畠山(基國)右衞門佐殿

………………

(1)**足利義満御判御教書案**

大和國ノ仁和寺領大内義弘ノ代ニ沙汰付

一一〇　大和國仁和寺領重書案　一通

○竪紙、「仁和寺」額型朱印、縦二六・四cm、横四五・〇cm、一紙、室町後期、

(端裏書)
「大和御室御領御判」

和州仁和寺領等事、早退押領人、』可沙汰付大内左京權大夫義弘代之旨、』可

有御下知之状如件、

明徳四年四月九日　　御判

一乗院前大僧正(良玄)御房

(2)室町幕府管領奉書案

大和國小泉莊以下所々國民等押妨雜掌ニ避渡

仁和寺雜掌申大和國小泉庄(添下郡)』以下所々注文相副之、事、近年國民等押』妨云々、早止其妨、可避渡雜掌之由、』可有御下知旨、可被申入一乗院家』之状、依仰執達如件、

永(至)徳四年潤五月七日　　左衛門佐(斯波義將)判

□(北)戒壇院僧都(長雅)御房

……………………

一一一　齋藤國則申狀案　一通

○竪紙、「仁和寺」額型朱印、縱三〇・一㎝、橫四九・〇㎝、一紙、室町前期、

(端裏書)「齋藤次郎右衛門尉國則申狀案」

紀良子代官ニヨル押領

越中國榆原保猪谷・菅寺村

文和年中ニ曾祖父常喜ガ拜領

窪寺三河守ノ跡ト稱シテ押領

御料所ハ射水郡阿努中村

窪寺信濃小次郎

甕十郎

父榮喜ガ至德三年ニ及ビ知行

齋藤次郎右衛門尉國則謹言上

欲早被停止　小河殿(紀良子)御代官非分押領、任代〻知行、』蒙御成敗、越中國榆(婦負郡)原保內猪谷・菅寺村事

副進

一巻御下文幷安堵御教書

一通當御代安堵御判

右、於當保者、去文和年中仁爲勲功之賞、曾祖父』左衛門大夫入道常喜拜領之、領知無其煩之處、』御代官稱窪寺參河守之跡押領之条、歎存者也、』御料所ハ射水郡阿努中村、窪寺三河守跡此村〻、』猪谷者甕庶子分相傳、窪寺信濃小次郎跡、菅寺』者甕十郎跡、共以爲婦負郡榆原內、老父榮喜及』至德三年知行無相違之上者、非窪寺三河守庶子、』仍其時分歎申之間、爲阿努內歟、爲榆原保內歟、』御糺明之處、守護・國人皆以可爲贔屓之由、御代官』被支申之間、帶(對カ)近國加賀・越後守護、雖被尋御教』書、不注申之間、含愁訴者

也、所詮重預御糺明、蒙』理運之御下知、如元爲知行、粗言上如件、

……………………

一一二　丹波國葦田莊濫妨人交名案　一通

○續紙、「仁和寺」額型朱印、縦二九・五cm、横四一・二cm、一紙、南北朝、右端ニ繼目裏花押アリ、
○モト他ノ文書ノ左奥ニ貼リ繼ガレタ繼文、

注進　葦田庄(氷上郡)濫妨交名人事

兵衛太郎入道賢忍　同舍弟兵衛二郎入道寂法
尾崎六郎入道寂心　頼念
兵衛三郎家貞　大畠弥六
岩松淨圓　同子息等
西方前公文家國法師　同子息家利
五郎三郎　彦七

治三郎入道正阿弥　同彦三郎
三郎二郎　久留栖彦三郎
九郎二郎入道　安主入道
左近入道
右、大概注進如件、

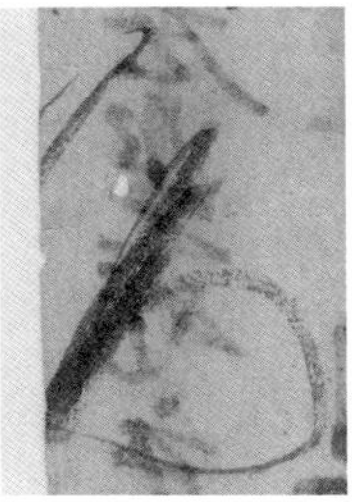
○繼目裏花押（右端裏）

……………………

一一三　某田地寄進狀（後闕）　一通

○竪紙、「仁和寺」額型朱印、縦三〇・八cm、横三四・四cm、一紙、南北朝、

丹波國栗野荘

仁和寺三栗栖平等金剛院長日佛性米

奉寄進　丹波國栗野庄（船井郡）一色田事
合參段者　地子參石分地下本器升定、但京着分、
右、件田地參段者、爲仁和寺三栗栖平等金剛院』御堂阿弥陀佛長日佛性米也、以彼地利』參石分、限永代奉寄進者也、現在之間者、』爲逆修之儀、此一色田參石之分米、毎年無』懈怠可致沙汰、若未進懈怠之時、沙汰人仁』被

仰付、直可有御催促候、仍為後代令』寄進狀如件、

……………………

一一四　丹波國三內村神田畠重書案（前闕）　一通

○續紙、「仁和寺」額型朱印、縦二八・三cm、全長七四・五cm（第一紙三一・九cm、第二紙四一・六cm）、二紙、南北朝、

(1)光貞奉書案カ（前闕）

正中□〔二カ〕年□□〔月〕二日　　光貞

主殿保預所□〔殿カ〕

(2)丹波國主殿保雜掌並御內社神主訴陳文書目録案

丹波國主殿保
同國御內社

目録

丹波國主殿保〔多紀郡〕雜掌与御內社〔多紀郡〕神主當社領三內村』神田畠等相論訴陳狀事

六波羅
雑掌定慶
徳治三年
神主季敎
延慶元年
雑掌定信
元亨元年
神主代性舜
正中二年
神主代良慶
嘉暦元年
目代方
雑掌快圓
元弘三年
神主清敎
雑訴決斷所
雑掌行信
建武元年

合

六波羅
一通　雑掌定慶本解状徳治三年六月　日
同
一通　神主季敎代季光陳状延慶元年十月　日
同
一通　雑掌定信訴状元亨元年十月　日
同
一通　神主代性舜陳状正中二年二月　日
同
一通　雑掌定信重状正中二年十二月　日
同
一通　神主代良慶陳状嘉暦元年十一月　日

（第二紙）

目代方
一通　雑掌快圓訴状元弘三年八月□□〔日〕
同
一通　神主清敎状元弘三年九月　日
決斷所
一通　神主清敎訴状元弘三年九月　日
國司
一通　雑掌行信重状建武元年三月　日
同
一通　神主清敎請文建武元年八月廿七日

國司千種忠顯

建武二年

奉行
雜掌盛嚴
貞和元年

貞和二年

貞和三年

攝津國忍頂寺
寺邊村以下

就此請文、同九月八日、於國司千種宰相中將家(忠顯)方有其沙汰、』被棄捐畢、

決斷所
一通　雜掌行信訴狀建武元年九月　日

同
一通　神主清教陳狀建武二年二月　日

同
一通　雜掌行信重狀建武二年六月　日

同
一通　神主清教重陳狀建武二年八月　日

當御奉行
一通　雜掌盛嚴訴狀貞和元年十二月　日

同
一通　神主清教陳狀貞和二年五月　日

同
一通　盛嚴二問狀貞和二年六月　日

同
一通　神主清教二答狀貞和三年三月　日

已上九問九答也、　此外神主訴狀一通在之、

…………………

一一五　攝津國忍頂寺寺邊村等重書案　一通

○竪紙、「仁和寺」額型朱印、縦三一・五cm、横五二・三cm、一紙、南北朝、

(1)光嚴上皇院宣案
中澤佐綱ノ濫妨
雜掌ヲ沙汰居

（端裏書）（今出川兼季）「院宣幷菊亭御施行案」

攝津國（嶋下郡）忍頂寺〻邊以下村〻雜掌申』（中澤）佐綱濫妨事、（入道法守親王）仁和寺宮御消息副申狀・具書、如此、』子細見狀候歟、可沙汰居雜掌於地下之由、可被』仰武家之旨、』
院御氣色所候也、仍言上如件、（油小路）隆蔭誠恐頓首』謹言、

（建武四年）十二月六日　　權中納言隆蔭上

進上　前左馬助殿

(2)今出川兼季御教書案

攝津國忍頂寺〻邊以下村〻雜掌申（中澤）佐綱』濫妨事、（油小路隆蔭）大宮中納言奉書副具書、如此、子細見』狀候歟之由、（今出川兼季）前右大臣殿可申之旨候也、恐〻』謹言、

（建武四年）十二月七日　　沙弥宣證

謹上　（高師直）武藏權守殿

…………………

一一六　某書狀（後闕）　　一通

○竪紙、「仁和寺」額型朱印、縦二八・二㎝、横四〇・二㎝、一紙、南北朝、料紙
右端ニ切封紐痕アリ、

畏承候了、品治庄（安藝國山縣郡）文書事、』勅裁・武家下知等更不見候、』親孝と申候し者、
如此文書』一向致管領候き、いかにも彼〔被〕』撰取候けるかと存候、所務』文書
三通・沙汰之申状案文一通』進上候、是は所務肝要物候』歟、御用以後は可
被返下由』存候、此外はかくしき』物之寫、公用立用散用』

……………

一一七　之信書状　　一通

○竪紙、「仁和寺」額型朱印、縦三〇・九㎝、横四七・二㎝、一紙、室町中期、
料紙右端ニ切封紐痕アリ、

三个國御領御教書、昨日』御判早ゝ出之間、則送進候、』悉落居候、返ゝ目
出存候、』隨國ゝ左右、連ゝ又可申』沙汰候、可得御意候哉、恐ゝ謹言、

三月廿二日　　之信（花押）

　　廳務御坊
　　　まいる

一一八　某書狀禮紙　一通

○竪紙、「仁和寺」額型朱印、縦三〇・八cm、横四〇・九cm、一紙、南北朝ヵ、
本紙闕、

……………

丹波國三和品田

（端裏書）
「丹州
　三和品田」（氷上郡）

追言上

御奉行得分事、御』年貢幷雜物等、各』可爲四分一之由、同所』候也、

……………

一一九　仁和寺御室入道法守親王令旨（後闕）　一通

○竪紙、「仁和寺」額型朱印、縦三一・四cm、横四九・三cm、一紙、南北朝、

丹波國主殿保預所・公文職乙次郎名名主職酒井孫六安信

主殿保(丹波國多紀郡)預所幷公文職乙次郎』名〻主職等三个職、酒井孫六』安信稱給御教書亂妨云〻、無』跡形之不實也、謀書之條勿論歟、』其子細相觸酒井惣領幷』一族等、不日停止非分乱妨、寺家』雜掌可全所務之由、可令下知』

周防國二嶋莊御領ニ寄進廳下文

一二〇　仁和寺宮令旨　一通

○竪紙、「仁和寺」額型朱印、縱三一・三cm、横五五・六cm、一紙、鎌倉中期、

周坊〔防〕國貳嶋(吉敷郡)事、申』無指領主之由、寄進』御領、仍被成下广〔廳〕御下』文候了、雖然依如此令』申給、於于今者、不可及』御沙汰候也者、依』宮御氣色、執達如件、

五月十二日　性慶奉

謹上　大夫僧都御房

仁和寺慈雲寺領
大和國近内荘
御室ノ管領
所務職

一二二　又玄所務職請文　　一通

○竪紙、「眞光院」複廓長方朱印、縦三〇・三cm、横四七・九cm、一紙、室町前期、

請申　仁和寺慈雲寺領大和國近内庄（宇智郡）』所務職事

右、當庄者、爲　御室御管領、付菩提院御門跡』御知行之間、被仰付所務職之上者、毎年御年』貢幷雜物等、於參分貳可執進之、於殘參』分壹者、可爲得分、若雖爲少事、致未進懈』怠者、不日可被改易所務職、其時更不可申』一言子細、仍爲後日請文之狀如件、

應永二年後七月廿九日　　又玄（花押）

……………………

一二三　室町幕府管領奉書案　　一通

○竪紙、「仁和寺」額型朱印、縦二九・六cm、横四〇・八cm、一紙、室町前期、

近江國大原莊夫馬・春照郷半濟ヲ止ム

御教書案

仁和寺宮（入道永助親王）雑掌申近江國大原庄（坂田郡）内』夫馬・春拯〔照〕兩郷事、止半濟之儀、一圓』可

被沙汰付雑掌之由、所被仰下也、』仍執達如件、

應永四年四月廿九日　沙弥（斯波義將）判

佐々木備中守（六角滿高）殿

……………………

仁和寺領
小泉莊
金剛寺（坂田寺）
葛本莊
竹田莊
門屋莊
常門莊

一二三　大和國仁和寺領不知行目錄　一通

○竪紙、「仁和寺」額型朱印、縦三四・七cm、横五五・九cm、一紙、室町前期、

（端裏書）
「大和國仁和寺領目錄應永五　十　廿二」

大和國仁和寺領不知行目六除當知行并寄附等地、

小泉庄（添下郡）　金剛寺（高市郡）号坂田、

葛本庄（十市郡）　竹田庄

門屋庄　常門庄（高市郡）

大神勅旨
大和勅旨
浄土寺（山田寺）
立野荘（下御荘）
宮瀧荘
細井荘
近内荘
須恵荘
河南荘
南櫟本荘
和田荘
彌富荘
山尻荘
和南寺
平群荘（西宮荘）
大和荘
今井荘
夜部荘

（城上郡）大神勅旨　（山邊郡カ）大和勅旨　○裏花押アリ、
（十市郡）浄土寺号山田寺、（平群郡）立野庄号下御庄、
（吉野郡）宮瀧庄　細井庄
（宇智郡）近内庄　（宇智郡）須恵庄
（宇智郡）河南庄　（山邊郡）南櫟本庄
和田庄　弥富庄
山尻庄　和南寺
平郡〔群〕庄号西宮庄、（山邊郡カ）大和庄
（平群郡）今井庄　（十市郡）夜部庄

已上

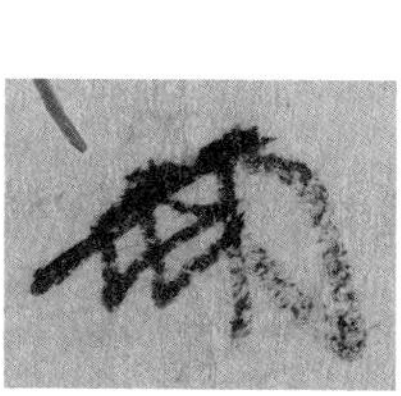

一二四　丹波守護細川満元書下案　一通

○竪紙、「仁和寺」額型朱印、縦三〇・〇cm、横四八・七cm、一紙、室町前期、

○本文ハ第一二五號ト同様ノタメ省略、但シ日下ノ署名ハ「右京大夫判」トスル、

……………………

丹波國三箇北荘牛濟ヲ止ム

一二五　丹波守護細川満元書下　一通

○竪紙、「仁和寺」額型朱印、縦三〇・六cm、横四八・四cm、一紙、室町前期、

御室御領丹波國三个北庄（多紀郡）事、』止牛濟之儀、可沙汰付御室御』代官之狀如件、

應永六年八月廿五日　右京大夫（細川満元）（花押）

小笠原備後入道（成明）殿

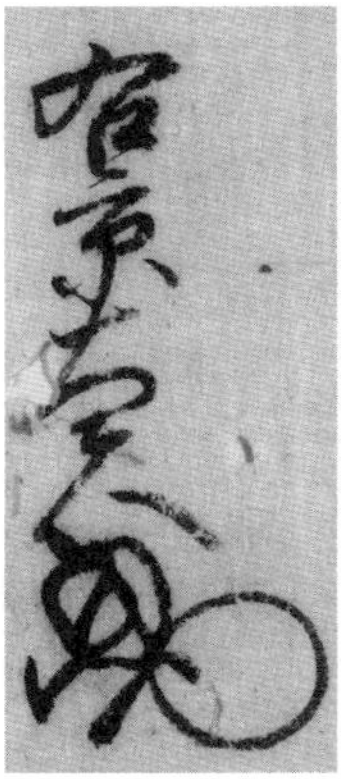

……………………

美作國布施社

一二六　美作國布施社重書案　一通

○竪紙、「仁和寺」額型朱印、縦二九・九cm、横四八・五cm、一紙、室町前期、

(1)室町幕府管領奉書案

仁和寺無量壽院相國寺領

（端裏書）「御教書幷守護施行案　（別筆）「正文在御所」」

仁和寺無量壽院雜掌申美作國布施』社事、訴狀・具書如此、依為相國寺領

雜掌ニ沙汰付

內、』近年寺納云々、所詮於當所者、各別之段、』支證等明鏡上者、止庄主綺、
可被沙汰付』下地於雜掌之由、所被仰下也、仍執達如件、

應永七年四月廿六日　沙弥(畠山基國)判

赤松上總(義則)入道殿

(2)美作守護赤松義則遵行狀案

仁和寺無量壽院

仁和寺無量壽院雜掌申美作國布』施社事、去月廿六日御教書如此、早任』被
仰下之旨、止相國寺領庄主綺、可被』沙汰付下地於雜掌之狀如件、

應永七年五月十四日　沙弥(赤松義則)判

浦上美濃(助景)入道殿

……………………

一二七　楊津文書目錄　一通

○折紙、「仁和寺」額型朱印、縦三二・〇cm、横四六・四cm、一紙、室町前期、

楊津
建武三年院宣
足利尊氏
足利義詮觀應三年
有助僧正
重有僧都
志太鄉
法金剛院守融僧正
丹波國主殿保法金剛院代官ニ沙汰付

楊津文書正文
一通　院宣建武三　九　五
一通　將軍（足利尊氏）自筆狀建武三　九　廿七
一通　中將軍（足利義詮）自判御教書觀广〔應〕三　九　十五
一通　有助僧正置文
一通　重有僧都請文
志太鄉文書正文
已上應永七　五　廿一日、爲』沙汰遣法金剛院、守融僧正』參之時直遣之候、

……………

一二八　信輔書狀　一通

○竪紙、「仁和寺」額型朱印、縦二八・七cm、横四六・五cm、一紙、室町前期、

丹波國主殿保（多紀郡）四町八反內』四分壹事、可被沙汰付法金剛院』代官候、難去方より口入事』候之間、有御沙汰之由候也、恐〻』謹言、

麥

鹽

兵庫

周防國秋穂二嶋莊公文

广〔應〕永九卯月廿一日　信輔（花押）

大安殿

……………………

一二九　秋穂二嶋公文重堯年貢送進状　一通

○折紙、「仁和寺」額型朱印、縦三〇・三cm、横四六・一cm、一紙、室町前期、

御米　貳百五十石　地下ヨリ參百石分

麥　五拾石　同六十石分

塩　肆佰石　同四百八十石分

料足　參貫文　同參貫六百文分

以上、此色〻着『兵庫（攝津國八部郡）、可進』上申矣、

應永十四年二月廿一日

秋穂二嶋（周防國吉敷郡）公文重堯（花押）

一三〇　某目安案（土代）　　一通

○竪紙、「仁和寺」額型朱印、縦二八・四cm、横四一・八cm、一紙、室町前期、下部闕損、

目安

仁和寺菩提院領周防國〔吉敷郡〕秋穂〔二嶋〕□□』庄間事

右當庄者、○為宣陽○門院御願〔×領〕□□』愛染王護摩・恆例結縁○灌頂料所、代々管領知行〔無カ〕□』相違者也、而近年守護押領之□□』永和四年被成御教書案文備左、□□□』又自去應永六年比、依違乱、嚴〔重カ〕□』御願等退轉、歎存者也、所〔詮〕□□□』退押妨之輩、可打渡本所雜掌之□』被成嚴密御教書於守護方、全〔領カ〕□□、』專御願、弥為致御祈禱之忠□□』言上如件、

應永十四年三月　日

菩提院領
周防國秋穂二嶋荘
宣陽門院御願
長日愛染王護
摩・結縁灌頂
料所
守護押領
永和四年御教
書
應永六年

仁和寺菩提院
周防國秋穗二
嶋莊
雜掌ニ沙汰付

一三一　室町幕府管領奉書案　一通

○竪紙、「仁和寺」額型朱印、縦三〇・一cm、横四九・四cm、一紙、室町前期、

仁和寺菩提院雜掌申』周防國秋穗(吉敷郡)二嶋庄事、』被官人押領云ゝ、早止』其妨、
可被沙汰付雜掌』之由、所被仰下也、仍執達如件、
應永十四年五月六日沙弥(斯波義重)判
大内周防(盛見)入道殿

…………………

仁和寺菩提院
周防國秋穗二
嶋莊

一三二　室町幕府管領奉書案　一通

○竪紙、「仁和寺」額型朱印、縦三〇・三cm、横四九・一cm、一紙、室町前期、

仁和寺菩提院雜掌申』周防國秋穗(吉敷郡)二嶋庄事、』先度被施行之處、未』遵行云ゝ、
甚不可然、不日退』被官人等、沙汰付下地於雜掌、』可被執進請取之由、所
被仰下』也、仍執達如件、
應永十四年八月十日沙弥(斯波義重)判

大内(盛見)周防入道殿

……………………

一三三　室町幕府管領奉書案　一通

○竪紙、「仁和寺」額型朱印、縦三〇・二cm、横四九・一cm、一紙、室町前期、

仁和寺菩提院
周防國秋穂二
嶋莊

仁和寺菩提院雑掌申』周防國(吉敷郡)秋穂二嶋庄事、』度ゝ施行之處、不事行云ゝ、』甚
不可然、不日止被官人』等妨、沙汰付下地於雑掌、可』被執進請取、更不可
有緩怠』之儀之由、所被仰下也、仍執達』如件、

應永十四年十月十五日沙弥(斯波義重)判

大内(盛見)周防入道殿

……………………

一三四　重堯公文職請文案　一通

○竪紙、「仁和寺」額型朱印、縦二八・六cm、横四三・一cm、一紙、室町前期、

菩提院領
周防國秋穂二
嶋莊
公文職

「（端裏書）
□良慶召返之□進之
□行　許了、案文良慶書進之、則良慶付置、
广（應）永廿九二　此正文卅年十一月十四日取返之」

請申　仁和寺菩提院御門跡領』周防國（吉敷郡）秋穂二嶋公文職事

一、有限御年貢以下恆例臨時御公』事等、每年存公平、任先例、可』致其沙汰事

一、三个年一度結解、任先例令上』洛、可遂其節、且同進物事、堅』可致其沙汰事

一、地下事、就大少事、隨本所御』下知、可致其沙汰、雖爲小事、不可』存不法不忠事

右條〻、堅可存知之、若雖爲一事』令違犯者、勿（忽）可被召放所職、可被行』罪科、其時ハ權門勢家口入更不可』歎申入之、仍爲後日請文之狀如件、

應永十五年正月八日　重堯

丹波國三箇北荘
應永七年御判御教書
雜掌ニ沙汰付

一三五　室町幕府管領奉書　一通

○竪紙、「仁和寺」額型朱印、縦三〇・五㎝、横四八・七㎝、一紙、室町前期、
○『大日本史料』第七編之十三、四一三頁所收「小林正直氏所藏文書」ハ關連文書ナリ、

御室雜掌申丹波國三个北庄（多紀郡）』下司・公文兩職事、早任去應永』七年五月十九日御判御教書幷度〻』施行之旨、可被沙汰付雜掌之由、』所被仰下也、仍執達如件、

應永十七年十一月九日　沙弥（畠山滿家）（花押）

細河（滿元）右京大夫入道殿

一三六　室町幕府管領奉書　一通

○竪紙、「仁和寺」額型朱印、縦三〇・三㎝、横四九・〇㎝、一紙、室町前期、
○『大日本史料』第七編之十四、四九七頁所收「小林正直氏所藏文書」ハ關連文書ナリ、

丹波國三箇北荘
酒井一族
上杉房方

御室雜掌申丹波國三个(多紀郡)』北庄下司職事、号酒井一族等』跡內、上椙民部大輔(房方)入道代雖申』子細、於理非者、追可有糺決、至下』地者、先可被沙汰付雜掌之由、所』被仰下也、仍執達如件、

應永十八年八月廿七日沙弥(畠山滿家)(花押)

細河(滿元)右京大夫入道殿

丹波國三箇北荘

一三七　丹波守護代細川頼益遵行状　一通

○竪紙、「仁和寺」額型朱印、縦二八・九㎝、横四八・〇㎝、一紙、室町前期、

御室雜掌申丹波國』三个(多紀郡)北庄下司職之事、任』今月二日御尊〔遵〕行旨、』可被渡彼代付之状如』件、

應永十八年九月二日沙弥(細川頼益)(花押)

田村(常忠)新左衞門入道殿

播磨國則直保

一三八　赤松満祐遵行状　……………………　一通

○竪紙、「仁和寺」額型朱印、縦三一・二cm、横五〇・二cm、一紙、室町前期、

御室雑掌申播州則直（飾西郡）』保事、去年十二月廿七日』御教書如此、早任被仰下』之旨、退違乱族、雑掌可令』全所務之状如件、

應永廿一年正月廿二日左京大夫（花押）

浦上美作（性貞）入道殿

一三九　仁和寺雑掌申状案（土代）　……………………　一通（圖版7）

○竪紙、「仁和寺」額型朱印、縦二九・六cm、横四八・六cm、一紙、室町前期、文書全體ニ墨線ニテ大キク「×」ヲ描キ全體ヲ抹消スル、

（端裏書）「土代」

越中國阿努莊猪谷村・菅寺村

窪寺惣領庶子足利義滿ヨリ紀良子ノ御料所ニ進メラル

法尊准后相續

齋藤國則、甕ノ跡ト稱シ望ミ申ス

同國楡原保

元亨年中關東下知

甕ノ跡ノ楡原物保

窪寺庶子ノ相浦ノ知行

仁和寺雜掌申

越中國阿奴庄〔射水郡〕内并猪谷・菅寺兩村間事

右、當村者、爲窪寺惣領庶子之跡、自故鹿苑院殿〔足利義滿〕被』進▨▨▨〔小河殿〕〔紀良子〕洪恩院殿御料所以來、于今御當知行無相違▨▨〔者也〕、』今又▨▨〔隨而〕爲御遺領、被進准后〔法尊〕御相續御管領之間、云以前之』御書、云當御代之御判、案文備之、彼是明鏡者也、而齋藤次』郎左衛門尉國則号楡原保内、依爲〔婦負郡〕掠申之条、稱甕跡望申之条、奸曲之至、』以外次第也、▨〔爲〕窪寺庶子沙汰元亨年中□○關東御下知○已來、至相浦數十年知行無相違之處、及闕所』御沙汰、被進洪恩院殿以來至于畢、仍其故者、先御代度々雖出訴訟、依爲阿奴中村内、不』及御裁許之處、今尙今者、御當知行敢無異儀▨▨▨〔者也、而〕之處、何混甕』之跡楡原物保内此兩所、齋藤○可致競望乎、曾無其謂者也、隨而奉〔申〕○掠▨上聞歟、言語道斷事也、所詮於』此兩村者、爲窪寺庶子相浦、元者

罪科ニ依リ闕所

根本寺領ニ非ズ

先御代雖』及訴訟、終以無御許容、今又〔重〕奉掠上聞之条、姧〔×訴〕謀之至、謀而有餘者乎、』言語道斷次第也、
令知行畢、而彼等▨〔皈カ〕』依罪科、及闕所之御沙汰之間、於今者雖爲不知行、
且者就根本之領主、事之子細被尋下相浦者、』可被散御不審者乎、所詮此在所非根本寺領、▨〔仍〕（仍更）無一紙
根本之子細』可存知之上者、有御尋彼相浦者、不可有御不審者歟、然者被』
▨〔之〕御文書、』只如故洪恩院（殿）御知行、有御所務許也、今此内有相違事者、（有宮御管領之時）（定）可違』鹿苑院殿・洪恩院殿
棄捐齋藤次郎左衛門尉國則之非分之姧訴、任故洪恩院』殿御讓狀、被止向
御素意歟、
後無窮之違乱、可被全御知行之由、重被』成進御安堵之御判者、弥被專每
月御〔×被〕祈禱之要脚、殊可』被致精誠之御祈念者也、仍粗言上如件、

應永廿一年二月　日

…………………

一四〇　音阿并毛利氏繩連署代官職請文案　一通

尾張國大浦莊代官職

預申尾張國大浦庄御代官職事

右、於彼御領御年貢者、伍拾壹貫文仁』所請切申也、萬一御百性等雖逃』散仕候、於請定申分者、無不法』懈怠、可致其沙汰申者也、仍請文』如件、

應永廿一年四月廿一日　音阿（判）

（毛利）氏繩（判）

○竪紙、「仁和寺」額型朱印、縦二五・六cm、横四三・八cm、一紙、室町前期、

……………………

一四一　美作國栗倉並讃甘重書案　一通

○竪紙、「仁和寺」額型朱印、縦二七・六cm、横四六・三cm、一紙、室町前期、

美作國栗倉同國讃甘

(1)足利義持御判御教書案

料所赤松性貞ニ預置ク

〔勝〕□定院殿（足利義持）御判

美作國栗〔粟〕倉（英多郡）・讃甘（吉野郡）事、爲料所、ゝ』預置赤松筑前入道性貞也者、早』守先例、可致沙汰之狀如件、

應永廿一年六月十二日

(2)室町幕府管領奉書案

美作國栗倉・讃甘事、任今月』十二日御預狀之旨、可被沙汰付』赤松筑前入道性貞代之由、所』被仰下候也、仍執達如件、

應永廿一年六月廿日　沙弥（細川満元）在判

赤松（義則）大膳大夫入道殿

(3)美作守護赤松義則遵行状案

美作國栗倉・讃甘事、今月廿日』御施行如此、早任被仰下之旨、』可被沙汰付赤松筑前入道性貞代之』狀如件、

應永廿一年六月廿三日　沙弥（赤松義則）在判

……………………

一四二　眞光院雜掌申狀案　一通

○竪紙、「仁和寺」額型朱印、縦三一・七cm、横四九・三cm、一紙、室町前期、

（端裏書）「目安案　濱仲庄」

眞光院雑掌
紀伊國濱仲莊領家職
高野山金剛心院領
物莊ハ門跡知行ス
大内義弘ノ押妨
畠山貞清ノ違亂
地頭職

眞光院雑掌謹言上
紀伊國濱仲(海部郡)庄領家職事
右、當庄者、爲高野山金剛心院領專寺用、於物庄者、』門跡譜代相續知行、更無他妨地也、而大内左京大夫(義弘)』當國守護職之時、令捍(押)妨當庄、於年貢者、可備進之』由雖申之、有名無實之間、被歎申　公方刻、御追討之』上者、本所如元可有知行之處、又畠山故將監入道殿(貞清)混』地頭職令違乱之間、固依加問答、然者可及年貢之』沙汰之由、乍有領納、毎年無沙汰無極之處、結句彼禪門』死去之上者、本所可安堵仕之旨、伺申　上意時分、』印東入道對本所支申樣者、當庄事被貽遺跡之』間、可知行之由令申之条、何樣次第候哉、縱雖被相貽』地頭職事候歟、於領家職者、依何事可有押領哉、』其理難意得者也、所詮代〻　公券嚴重之上、錦少路殿(足利直義)』御判等如此、然者於領家職者、全本所知行、弥爲奉致』御祈禱之精誠、粗言上如件、
應永廿二年十一月　日

一四三　公文法眼某奉書　　一通

○竪紙、縦二九・一㎝、横四七・四㎝、一紙、室町前期、

東寺補任狀

(端裏書)「下久世コヨミ田　東寺フニム狀」

東寺領山城國
下久世莊
曆田名主職

(花押)

東寺領下久世庄(山城國乙訓郡)内曆田』名主職一段事、雖及相論、』所詮數十年當知行之上
者、』淨妙房領掌不可有相違之』由、可申旨候也、仍執達如件、

應永廿二年八月廿五日公文法眼(花押)

一四四　山城守護代三方常忻遵行狀　　一通

○折紙、「仁和寺」額型朱印、縦二九・五cm、横四七・五cm、一紙、室町前期、

仁和寺領山城
國散在所々
應永二十五年
御教書

(端裏書)「守護代三方遵行」

仁和寺領山城國』散在所々事、』任應永廿五年十一月』廿八日御教書并』十二月廿日御遵行』旨、人夫以下守護』役等不可有催促旨、』可令存知狀如件、

應永廿六

二月廿三日常忻(三方範忠)(花押)

所々使節中

…………………

一四五　室町幕府管領奉書案　一通

○竪紙、「仁和寺」額型朱印、縦二九・九cm、横四九・二cm、一紙、室町前期、

仁和寺領山城
國散在所々
守護使不入

(別筆)「校正了、」

仁和寺領山城國散在所々事、』爲守護使不入之地、向』後不可成其綺之由、』所被仰下也、仍執達如件、

○裏花押(飯尾清藤)アリ、

○裏花押

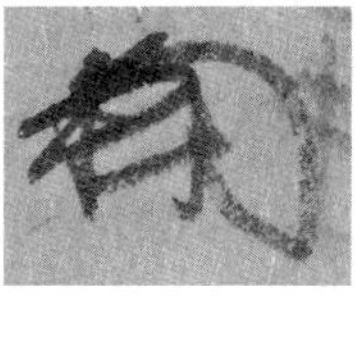

應永廿五年十一月廿八日沙弥（細川滿元）判

一色（義範）左京大夫殿

…………………

一四六　室町幕府管領奉書案　一通

○竪紙、「仁和寺」額型朱印、縦三一・七cm、横四五・〇cm、一紙、室町前期、
○第一四五號ト同一ノ文書案、但シ合點・裏花押ナシ、

仁和寺領山城國散在所々

（端裏書）
「山城國寺領守護不入御教書案广（應）永廿五　十一
奉行飯尾（清藤）彦左衛門尉」

仁和寺領山城國散在』所〻事、爲守護使不』入之地、向後不可成其』綺之由、
所被仰下也、仍執』達如件、

應永廿五年十一月廿八日沙弥（細川滿元）判

一色（義範）左京大夫殿

…………………

一四七　仁和寺領山城國散在所々重書案　　一通

○竪紙、「仁和寺」額型朱印、縦二九・四cm、横四八・五cm、一紙、室町前期、
○第一四五號・第一四九號ノ案文、

(1)室町幕府管領奉書案

校正了、
仁和寺領山城國散在所ゝ事、』爲守護使不入之地、向後不可』成其綺之由、
所被仰下也、仍』執達如件、
（裏書）
「飯尾彦左衛門尉清藤
裏判」
應永廿五年十一月廿八日　沙弥（細川満元）判
一色左京大夫（義範）殿

(2)山城守護一色義範遵行狀案

仁和寺領山城國散在所ゝ、』爲守護使不入之地、向後不』可成其綺之由、
任去十一月廿八日』御教書之旨、可有存知之狀如件、
應永廿五年十二月廿日　判（一色義範）
三方山城（範忠）入道殿

…………………………

山城國開田莊段錢・人夫等

一四八　山城守護一色義範遵行狀案　一通

○竪紙、「仁和寺」額型朱印、縦二九・四cm、横四八・一cm、一紙、室町前期、

(端裏書)「山城國開田庄御教書之案」

仁和寺領山城國開田庄(乙訓郡)段』銭・人夫以下諸役等事、去(任脱カ)』十一月廿八日御教書之旨、可有』存知狀如件、

應永廿五年十二月廿日　在判

義範(一色)

三方山城(範忠)入道殿

……………………

仁和寺領山城國散在所々

一四九　山城守護一色義範遵行狀　一通

○竪紙、「仁和寺」額型朱印、縦二九・八cm、横四七・八cm、一紙、室町前期、

(端裏書)「守護施行」

仁和寺領山城國散在所〻、』為守護使不入之地、向後不可』成其綺之由、任

去十一月廿八日』御教書之旨、可有存知之狀如件、

應永廿五年十二月廿日（花押）（一色義範）

三方山城（範忠）入道殿

……………………

一五〇　山城守護一色義範遵行狀案　　一通

○竪紙、「仁和寺」額型朱印、縱二六・三cm、横四一・二cm、一紙、室町後期、
○第一四九號ノ案文、

仁和寺領山城
國散在所々

仁和寺領山城國散在所々、』爲守護使不入之地、向後』不可成其綺之由、任

去十一月』廿八日御教書之旨、可有』存知（ママ）狀如件、

應永廿五年十二月廿日義範（一色）在判

三方山城（範忠）入道殿

……………………

一五一　山城守護一色義範遵行狀案　一通

○竪紙、「仁和寺」額型朱印、縦二九・六cm、横四八・〇cm、一紙、室町前期、
○第一四九號ノ案文、本文ハ第一四九號、差出ハ第一五〇號ト同文ニ付省略、

（端裏書）
「山城國散在寺領御教書之案」

……………

一五二　足利義持御判御教書案　一通

○竪紙、「眞光院」複廓長方朱印、縦二七・七cm、横四六・七cm、一紙、室町前期、

（端裏書）
「御判案」

近江國崇壽寺（滋賀郡）事、『可爲祈願寺之狀』如件、

應永廿六年四月五日

御判

住持

……………

近江國眞野莊
崇壽寺
祈願寺

攝津國小林上莊
山城國西院松井寺領常盤村
加賀國井家莊
勸修寺經顯
手繼證文
山名教清

一五三　尼淨音所領讓狀

○竪紙、「仁和寺」額型朱印、縦三三・二cm、横五〇・六cm、一紙、室町前期、　一通

つの國おはやし(小林)(武庫郡)の上庄・やましろの』くにさいゐんまつ井(西院松井)(葛野郡)の寺領ときわ(常盤村)の』むら・か丶の國井家庄(加賀郡)年貢のうち』六十貫文五貫つ丶月あて、・わた二十とうの』事、』故內符〔府〕經(顯)(勸修寺)あきのゆつりにまかせて、』さうゐなきもの也、しかるを手つき』せうもんをそへて、左京大夫入道常勝(山名教清)に』なかくゆつりわたす、この上は他のさまたけ』あるへからす、仍のちのために狀如件、

應永廿六年八月十八日

尼淨音(花押)

……………

圓宗寺領
越中國石黒莊
廣瀬郷領家職

一五四　室町幕府管領奉書

○竪紙、「仁和寺」額型朱印、縦二九・九cm、横四八・五cm、一紙、室町前期、　一通

仁和寺雜掌申圓宗院(ママ)領越中國』(礪波郡)石黒庄內廣瀬郷領家職事、一宮』信濃入道是

二宮是信ハ本所ノ代官
雜掌ニ沙汰付

信出請文、爲本所代官處、』彼跡輩等及違乱云々、事實者、甚』不可然、所詮
可被沙汰付下地於雜掌』由、所被仰下也、仍執達如件、
　應永廿六年十月十七日沙弥（細川滿元）（花押）
　左衛門督（畠山滿家）入道殿

……………………

一五五　室町幕府管領奉書案　　一通

○竪紙、「仁和寺」額型朱印、縦二九・九cm、横四八・九cm、一紙、室町前期、第一五四號ノ案文、

越中國石黑莊
廣瀬鄉
奉行飯尾清藤

（端裏書）
「御教書案越中廣瀬鄉事 奉行飯尾彦（清藤）左衛門尉」
仁和寺雜掌申圓宗寺領』越中國石黑（礪波郡）庄內廣瀬鄉』領家職事、二宮信濃入道』
是信出請文、爲本所代官處、』彼跡輩等及違乱云々、事實者、』甚不可然、所
詮可被沙汰付下地』於雜掌之（ママ）由、所被仰下也、仍執達』如件、

應永廿六年十月十七日沙弥（細川満元）判
左衛門督（畠山満家）入道殿

……………………

一五六　越中國石黒莊廣瀬鄉重書案　一通

越中國石黒莊廣瀬鄉領家職

○竪紙、「仁和寺」額型朱印、縦三〇・一cm、横四九・二cm、一紙、室町前期、

（端裏書）
「守護施行幷守護代遵行案」

（1）越中守護畠山満家遵行狀案
圓宗寺領雜掌ニ沙汰付

仁和寺雜掌申圓宗院（ママ）領越中』國石黒庄（礪波郡）內廣瀬鄉領家職事、』御教書如此、任被仰下之旨、止先代』官違乱、可沙汰付下地於雜掌狀』如件、

應永廿六年十月廿六日　（畠山満家）判

遊佐河內（國盛）守殿

（2）越中守護代遊佐國盛遵行狀案

仁和寺雜掌申圓宗寺領』石黒庄（礪波郡）內廣瀬鄉領家代官』職事、任今月廿六日御施行之』旨、止先代官違乱、可被沙汰』付下地於雜掌之狀如件、

應永廿六年十月廿七日　河内守（遊佐國盛）判

遊佐加賀守殿

…………………

一五七　越中守護代遊佐國盛遵行狀案　一通

○竪紙、「仁和寺」額型朱印、縦三〇・一cm、横四八・八cm、一紙、室町前期、

（端裏書）
「遊佐重遵行案　廣瀬郷事」

仁和寺菩提院雜掌申』當國廣瀬郷（礪波郡）領家方事、』任被仰下之旨、先度遵行之』處、于今不渡申之由、自御門跡』承候、忩下地於可被沙汰居』寺家雜掌候也、恐ゝ謹言、

應永廿六
十一月廿二日　（遊佐）國盛判

遊佐加賀守殿

…………………

一五八　近江守護六角滿高奉行人奉書案　一通

○竪紙、「眞光院」複廓長方朱印、縱二八・八cm、横四七・七cm、一紙、室町前期、

近江國眞野莊
崇壽寺
御祈願所
臨時課役ヲ停
止

(端裏書)「令旨案文」

御門跡領近江國眞野庄(滋賀郡)』內崇壽寺事、爲御祈願所』由、御判明鏡之上者、於向』後所停止臨時課役也、可令』存知給之由、被仰下候、恐ゝ』謹言、

應永廿六
十二月十二日　俊宗判

崇壽寺住持

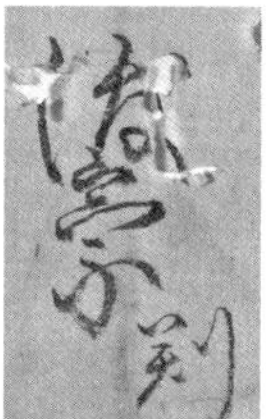

……………………

一五九　近江守護六角滿高奉行人奉書案　一通

○竪紙、「眞光院」複廓長方朱印、縱二八・八cm、横四六・三cm、一紙、室町前期、第一五八號トホボ同文、

近江國眞野莊
崇壽寺

(端裏書)「令旨案」

御門跡領近江國眞野庄(滋賀郡)內』崇壽寺事、爲御祈願』所由、御判明鏡之上者、於』向後所停止臨時課役也、』可令存知賜之由、被仰下候、』恐ゝ謹言、

應永廿六
十二月十二日　□宗（判）
崇壽寺住持

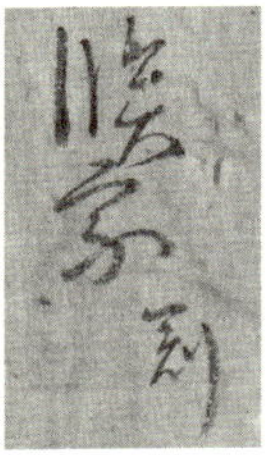

一六〇　小野道阿代官職請文案　一通

○竪紙、「仁和寺」額型朱印、縦二六・三cm、横三六・二cm、一紙、室町後期、

（端裏書）
「廣瀬請文小野入道」

請申　菩提院領越中國石黑庄（礪波郡）內廣瀬鄕領家方』御代官御年貢以下事

一、御年貢每年百捌拾貫文、京進定、春成外、每年自八月至十二月中可究濟、』不依干水損諸事煩、堅可致其沙汰事

一、恆例臨時課役幷　御代一度天役事、任被仰』出之員數、堅可有其沙汰事

一、物庄幷庶子分、高宮・東廣瀬・山本・竹內以下土貢、』當時運送之外、致興行沙汰者、御年貢等可令』增進之事

菩提院領
越中國石黑莊
廣瀬鄕領家方

物莊・庶子分
高宮・東廣瀬
・山本・竹內

一、御代官職事、於一期之後者、器用仁爲相續者、可被』仰付之、若無其器用者、可爲本所御計事

一、地下事、万可爲本所御計、縱地下人等寄事於左右、』雖令錯乱、請申之上者、御年貢不可有其煩、且亦立申』請人之上者、一切不可及異儀之事

右條々、堅守此旨、可致其沙汰、若雖爲少事、致未進懈怠』者、速被訴申公方、可被行罪科、且僞申候者、可蒙』日本國中大小神祇、殊八幡大菩薩御罰候、仍爲後日所請』申之狀如件、

應永廿八年十二月十一日　　小野左京亮入道道阿判

請人寄懸屋印判

(別筆)
「永正三六　正文下越中了、使學嚴」

……………

一六一　仁和寺菩提院雜掌定勝申狀案　一通

○竪紙、「仁和寺」額型朱印、縱三〇・八cm、横四二・六cm、一紙、室町前期、

仁和寺菩提院雜掌
攝津國安滿承香勅旨田
門跡代々相傳
永和年中ニ綸旨ヲ下ス

（端裏書）
「仁和寺菩提院雜掌所進應永廿九　二　廿二」

仁和寺菩提院雜掌定勝謹言上

攝津國安滿（嶋上郡）承香勅旨田散在下地違乱事

右當所者、自往古就門跡代ゝ相傳、當知行于今』無相違地也、雖然先年國中錯乱之刻、土民百』姓等寄事於左右、知行分之内令押妨之間、去』永和年中被成下　綸旨、案文備之、無相違之處、彼』下地内近年大略亦雖令違乱、乍含愁吟送』年序畢、依之長日御祈禱以下寺用、動欲令』闕如之条、歎而有餘者哉、所詮任彼勅載（裁）之旨、』退方ゝ押領人等、可打渡一圓下地於寺家之』雜掌之由、嚴蜜被成下御教書者、弥爲竭』御祈禱之忠節、粗言上如件、

應永廿九年二月　日

……………

一六二　仁和寺御室入道永助親王令旨案　一通

○竪紙、「仁和寺」額型朱印、縦二八・五cm、横四七・三cm、一紙、室町前期、

摂津國安滿承香勅旨田

大和國立野莊
同國三嶋莊
下司・公文

(端裏書)
「御室令旨被成遣飯尾加賀守廳務狀案广(應)永廿九 二 廿三付奉行了、寶光院直飯尾付之、」

摂津國(嶋上郡)安滿承香勅旨』田事、目安・具書如此、』任此旨、御教書事可令』申沙汰給之由、』御室御氣色所候也、』仍執達如件、

二月廿三日　法眼行乘

飯尾(清藤)加賀守殿

……………………

一六三　室町幕府管領奉書　一通

○竪紙、「仁和寺」額型朱印、縱三〇・八cm、横四九・五cm、一紙、室町前期、

仁和寺雜掌申大和國(平群郡)立野庄幷』(山邊郡)三嶋庄事、不日企參洛、可明申之旨、』可令下知立野入道・豊田豊井号三嶋庄下司・公文、』等給之由、所被仰下也、仍執達如件、

應永廿九年閏十月十四日沙弥(畠山滿家)(花押)

興福寺別當(光雅)僧正御房

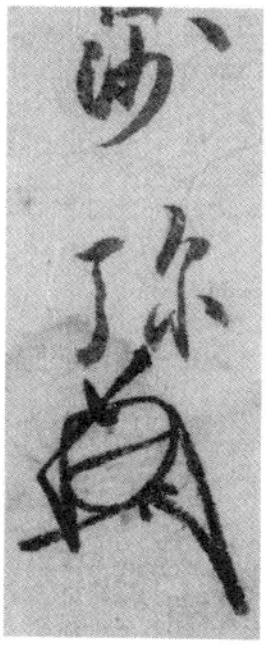

一六四　越智家經代官職請文　……………………　一通

○竪紙、「眞光院」複廓長方朱印、縦二九・七cm、横四八・二cm、一紙、室町前期、

大和國彌富莊

公方ノ沙汰

壇供
莚

春日大明神

請申　大和國御室御領弥富庄事
右御領者、被經　公方御沙汰、御代官職』事、爲　御門跡被仰付越智源太
家經』之上者、御年貢毎年不謂旱水損、參』拾貫文、十一月中可致其沙汰、
此外御公事』物、御壇供佰貳拾枚幷莚參拾枚、同月中』堅可運送之、若条々
背請文之旨者、可』罷蒙　春日大明神御罰、且又被訴申』公方、可被改御代
官職、仍爲後日請文』如件、
應永卅一年甲辰三月十一日　越智源太家經（花押）

攝津國忍頂寺
錢原村
半分代官職
長鹽

一六五　平尾盛久代官職請文　……………　一通

○竪紙、「仁和寺」額型朱印、縦二九・八cm、横四八・三cm、一紙、室町前期、

請申　御室御領攝津國（嶋下郡）錢原村』半分御代官職事

右、當庄御代官職事、被仰付之上者、』御年貢・諸公事物、如長塩散用狀、』可執進上仕候、不可有無沙汰儀候、更』不可有相違候、若寄事於左右、有不』法懈怠事者、雖爲何時可被召放御』代官職候、仍爲後日請文如件、

應永廿四年十一月廿八日　平尾次郎左衛門尉　盛久（花押）

進上　權少僧都御坊

一六六　道善奉書案　……………　一通

○折紙、「仁和寺」額型朱印、縦二八・五cm、横四五・八cm、一紙、室町前期、

法金剛院領丹波國』（多紀郡）主殿保瓜持人夫事、』貳人者沙汰之由承候、可』被止催促之由候也、』恐々謹言、

正長元
七月十四日　道善（判）

籾井民部（玄俊）入道殿

……………………

一六七　美作國大井莊南方一色村內檢帳（後闕）　一通

○續紙、「仁和寺」額型朱印、縦二七・九cm、全長四二三・七cm（第一紙三八・七cm、第二紙三八・五cm、第三紙三八・五cm、第四紙三八・四cm、第五紙三八・六cm、第六紙三八・六cm、第七紙三八・六cm、第八紙三八・四cm、第九紙三八・五cm、第一〇紙三八・五cm、第一一紙三八・四cm）、一一紙、室町前期、

大井庄（久米郡）南方°內一色村坋〔坪カ〕合幷內檢帳事

合　永享五年分

一、弥二郎分

サイノ本
一反半　五斗代　才〔損〕一斗八升

トキワ
一反小　五斗代　才五升

同所
二反一反　五斗代　苅
カシワ迫
半　　四斗代　開苅
已上扌二斗三升追扌五斗

（第二紙）
一、彦九郎分
岡ノ前
三反半　五斗五升代　苅
同所ノ下
大　　三斗五升代　扌五升
永ナハテ
半　　三斗五升代　扌三升
同所
一反半　三斗五升代　扌一斗
ヲクノ前
一反大半五斗代　扌六升
柳迫
一反　　三斗五升代　年不
後田
一反半　本弥九郎分　五斗代扌七升又三升
（第三紙）
向山田
一反小内一反小　五斗代四斗五升代苅

柳迫
一反半　五斗代　年不
同所
半　　四斗代　年不
同所
二反一反　五斗五升代扌二斗又一斗
同所
二反半　五斗代扌一斗六升又二升
同所
一反　　三斗五升代扌五升又二升
中田
一反小　五斗代　扌五升
林迫
二反　　三斗五升代　年不
柳迫
二反一反　四斗五升代　扌三升
後田
一反小　五斗代　扌五升又二升
カラタチ二所合
一反　　四斗五升代扌一斗

已上才一石一斗四升追才五斗

一、鶴坂分

二反　五斗代　才二斗

二反　三斗代　才一斗二升

分米一石九斗二升内交分加定、

已上才三斗二升追才一斗

一、彦三郎分

（第四紙）

永ナハテ
一反半　三斗五升代　才一斗

キシ本
一反　五斗五升代才五升又二升

中田
一反　五斗代　才五升

イモリカハナ
一反六十歩三斗代　才三升

中田
一反半　五斗五升代　才一斗

丸山ノハナ
一反　五斗代　才一斗又六升又四升

鳥井ノ前
ナワテノ下
四反内二反五斗代 二反四斗五升代　才二斗又一斗
ナワテノ上
一反　三斗五升代 苅
堂ノ前
一反　三斗五升代 才五升又二升 又二升
池内
半六十歩五斗代　苅
已上才一石六升追才五斗

（第五紙）
一、道圓分
永ナワテ
二反半 三斗五升代 才六升又四升
後田
一反半 五斗代 才七升又三升
カラタチ
大半 五斗代苅 七郎九郎
已上才三斗追才加之、

ナワテノ上
二反　五斗代　苅
堂ノ前
三反一反 五斗代　苅
野内前
一反　五斗代 才一斗又二升

柳迫
一反　四斗代　年不
丸山ノハナ
二反三百歩 五斗代 才一斗
クツレノハナ
大小　五斗代　苅

一、兵衞四郎分
コイタヤ
二反小一反五斗代　才二斗
（第六紙）
アナタ
一反小　五斗代　才七升又二升
宮迫
二反内半　五斗代當不
〔殘〕
歹一反半　才一斗又四升
池内
小　五斗代　才二升
池内
三反一反半五斗代　才一斗五升又五升
丸山ノハナ
一反小　五斗代　苅
クツレノハナ
大小　五斗代　才八升
池内
一反半　四斗五升代　苅
池内
一反　五斗代　才八升又二升
池内
一反　四斗五升代　近年不
已上才八斗三升追才五斗
一、三郎四郎分
ハシノ本
小　三斗代　年不
林迫
大　三斗代　年不
（第七紙）
一、仏神田方

善福寺
祥雲寺
観音堂
八幡宮
阿彌陀堂
荒神

サイノ本
三反　三斗代　善福寺如法經田
永ナハテ
一反　三斗五升代　祥雲寺免
キシ本
二反　四斗代　善福寺如法經田
中田
一反　五斗代　山尾ノ三月田
トキハ
一反　五斗代　善福寺如法經田

（第八紙）

丸田
一反　五斗代　善福寺如法經田
ヲクノ前
一反　五斗代　観音堂修理免
後田
一反　五斗代　山尾ノ五月田
ナハテノ上
一反　五斗代　神村ノ修理免
ナハテノ上
二反　五斗代　山尾ノ正月十七日祭田
シロイサコ
小　四斗代　荒　荒神免
森ノ前
一反　四斗代　森ノ歳夕ハリ田

サイノ前
二反内　一反　森ノ霜月田
　　　　一反　山尾霜月田　五斗代
同所
一反　三斗五升代　山尾ノ七日田
ナハテノ上
大　三斗代　善福寺如法經田
ナハテノ下
大　五斗代　山尾ノ正月朔田
成重
二反　五斗代　善福寺如法經田
倉前
一反　五斗代　山尾ノ正月祭田
同所
一反　五斗代　八幡宮修理免
後田
一反　五斗代　山尾ノ節分田
ナハテノ上
一反　五斗代　八幡ノ放生會田
堂ノ前
一反　五斗代　阿弥陀堂免
小山田
一反　三斗代　善福寺如法經田
池内
一反　五斗代　山尾ノ九月九日田

已上二丁八反大

（第九紙）
一、畠方

一、兵衛四郎分

タワ　一反　　垣内　一反半　　垣内　二反

垣内　一反　　ヒロセ　大　　ウ子　大

青陰　一反

已上五反六十歩

一、彦三郎分

垣内　三反半　　ニイヤ垣内　二反小

（第一〇紙）

已上五反三百歩

一、道圓分

タワ大　垣内一反　ヲクノ前一反

已上二反大

一、彦九郎分

向山二反荒　ヲクノ前小　ハラ三百歩

岡垣内三反　岡垣内三反半荒　垣内一反

已上壹丁大内五反半荒

歹定畠　五反六十歩

一、道阿ミ分

(第二紙)

定畠壹町内一反野畠

歹九反　六

一、鶴坂分

四反　六　　一反　野

已上五反

一、寺社免畠分

敷地 六十歩　荒神免　　ヒロセ 一反　山尾ノ燈油免

ヒロセ 一反　山尾ノ蓮花會畠　　堂ノ前 小　阿ミタ堂祈免

堂ノ前 一反　観音堂行免　　ハラ 一反　神主免

已上五反半

……………………

一六八　大一房所領寄進状　一通

山城國西院松井寺領常盤村
尼浄音
正一御房
短命ニテ先立ツ
光徳庵

○竪紙、「仁和寺」額型朱印、縦三二・三㎝、横四四・六㎝、一紙、室町前期、
○裏花押アリ（第一六九號・第一七三號ト同一、山名教清）、

きしん申
山しろの國さいゐん（葛野郡）松井寺領』ときわ（常盤）村之内三分一目六あり、事
右のところは、浄音の御ゆつりニまかせて、』正一の御房よりゆつり給候へとも、たんめいニ』よりて、さきたちまいらせ候程ニ、ときわ村』三分二をは、正一の御房の御はからいと申して候、』のこる三分一をくわうとくあん（光徳庵）へまいらせ候、』しせんのために正一の御房の御ゆつり状を』あいそへてまいらせ候、よんてせんそ浄音・』正一の御房・わか身の後世ほたいをおこたらす、』御とふらい候て給候へく候、そのためにきしん状如件、
永きやう六年きのへとら二月卅日　大一房

○裏花押

山城國西院松井寺領常盤村
尼浄音
正一御房
息女幸德、大一房
光德庵

一六九　山名常勝寄進状　　　　　一通

○竪紙、「仁和寺」額型朱印、縦三一・四cm、横四四・四cm、一紙、室町前期、

山城國西院(葛野郡)松井冂

右所は、亡母浄音の御讓狀ニまかせて、正一』御房より息女にて候幸德、今は大一房ニ』被讓渡候、然間此常盤村お大一房爲』後世菩提、光德庵と正一御房之寮へ』永代寄進申候、但下地おは一圓ニ光德庵ニ』御持候て、此内の年貢三分二を正一御房へ』可被執進之候、干水損之時者、檢見候て可』有御沙汰候、か様ニ書進候上は、不可有他人』違乱煩者也、仍爲後證狀如件、

永享六年二月卅日常勝(山名教清)(花押)

○花押ハ第一六八號・第一七三號ト同一、

越中國阿努莊中村春日社本家分

一七〇　仁和寺御室承道法親王令旨案　　一通

○竪紙、「仁和寺」額型朱印、縦二九・四cm、横四八・八cm、一紙、室町前期、紙背ニ切封墨引アリ、書狀禮紙ヲ轉用スルカ、

（端裏書）
「遣伊勢守奉書案永享六」

越中國阿奴庄（射水郡）中村內』春日社本家分事、三月』千疋・七月貳千疋・十月』千五百疋・十二月貳〇千疋、都合□□〔已上〕六千』五百疋分、以五万疋御年貢內、』自當年直可被沙汰渡』社家之由、　御室御氣色所』候也、仍執達如件、

永享六
五月十三日　僧正禪信奉

伊勢守殿

…………………

攝津國穗積村・小曾根村・服部村

一七一　沙彌信承所務職請文　　一通

○竪紙、「仁和寺」額型朱印、縦二九・七cm、横四八・五cm、一紙、室町前期、

請申　仁和寺御領攝州穗積（豊嶋郡）・小曾禰・服部』以下三个村所務職事

上使

地下興行

濱見

天役

右、御年貢爲請切、毎年貳拾貫文、五月拾貫・十月拾貫京進、』不依諸事之煩、無未進懈怠、可致其沙汰、』一圓之時者、可爲一倍、但地下諸立用等、雖爲壹』事、令勘落時者、被下上使、相共申談可執進事、

一、地下興行事、堅可致其沙汰事

一、濱見事者、毎度任申本所隨御沙汰之樣、』可令下知事

一、御代一度御禮幷臨時御大儀之時者、地下天役』等隨御下知、堅可致執沙汰事

一、地下興行事、所務之時分、被下上使、任所在』可令增進事

右、所務職事、依望申被仰付上者、条々』雖爲一事、不可有相違、凡地下事、隨御下知、』可致其沙汰者也、若又有無儀之子細者、御代官職於』可致改易、但天下一同之大損亡之時者、被下上使、可』申談、隨而當信承之身、彼在所御代官申請上者、向』後更不可有緩怠之儀者也、仍請文狀如件、

永享九年六月八日　　沙弥信承（花押）

一七二　煕□代官職請文　　一通

○竪紙、「仁和寺」額型朱印、縦二八・三cm、横四八・五cm、一紙、室町前期、
下部闕損、

請文　但馬國新井庄（朝來郡）御代官職事
右、彼庄御年貢未進事、永享十年』拾貫文・同十一年貳拾貫文・當年□〔分カ〕』貳
十貫文、都合伍拾貫文也、此內於』三十貫文者、當年十二月中必可□』其沙
汰、相殘貳拾貫文之內、拾貫文□』來年三月中、拾貫文者八月中、□〔令カ〕』令運
送者也、又後年之御年貢□』自毎年貳拾貫文宛冀〔ママ〕得可□』備進、仍請文之狀
如件、

但馬國新井莊
代官職
未進
永享十年分
同十一年分
同十二年分

永享十二年十一月三日　右衛門尉凞□

一七三　美作守護山名教清書下　一通

○竪紙、「仁和寺」額型朱印、縦二九・三cm、横四七・二cm、一紙、室町前期、

美作國倭文莊
祥雲寺
祈願所
公事免除

美作國倭文庄（久米郡）内』祥雲寺事、爲』祈願所上者、諸公事』所免除也、仍狀』如件、

嘉吉貳年卯月廿一日　（花押）

○花押ハ第一六八號・第一六九號ト同一、

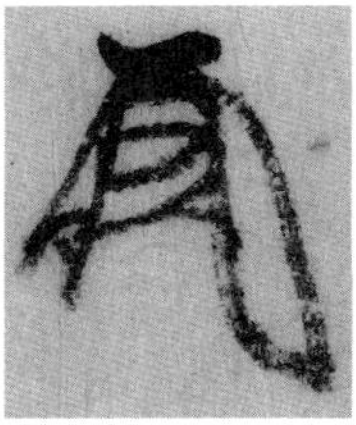

一七四　飯田秀家書狀　一通

○竪紙（現裝貼繼）、「仁和寺」額型朱印二顆、縦二九・二cm、横第一紙四七・六cm・第二紙四七・六cm、二紙、室町前期、第一紙右端ニ切封紐痕アリ、

嘉吉二年分正税　周防國秋穂二嶋荘

嘉吉三年未進　瑞雲寺

船

謙阿

閏六月十三日御札委細承候了、』抑嘉吉二年分秋穂二嶋(周防國吉敷郡)』正税事、貳
百六十貫文謙阿』請取に御加判候を給置候、不』可有御不審候、
一、去年嘉吉三未進・同當年』分事、如承候瑞雲寺に可』渡進候、但運賃事、
年〻』自然御不沙汰仕候之間、以船』積上(第二紙)於京都可渡進候、
一、謙阿事、不可有御許容候、』可得御意候、恐〻謹言、
(別筆)「嘉吉四　文安元」
八月六日　(飯田)秀家(花押)

寶光院

御坊中

(切封墨引)

……………

一七五　美作守護山名教清奉行人奉書　一通

○折紙、「仁和寺」額型朱印、縦二九・三cm、横四八・〇cm、一紙、室町中期、

美作國倭文莊
領家祥雲寺

美作國倭文庄（久米郡）』領家祥雲寺諸』公事課役等、自』今以後悉可令』免除由、所被
仰』下也、仍狀如件、

文安五
二月十一日　沙弥（花押）

倭文次郎殿

一七六　土佐國最御崎寺寺務覺譽領家職契約狀案　一通

○竪紙、「仁和寺」額型朱印、縦二八・三cm、横四六・一cm、一紙、室町中期、

土佐國田村莊
下嶋村領家職

最御崎寺領
金剛頂寺

香宗我部氏僧
宥秀

惟宗氏僧

契約申土佐國香我美郡田村庄下嶋村』領家職之事田數散畠等悉取帳在之、
右、件之所領者、同國安藝郡爲最御崎寺』領、於當寺依無再興之便、同金
剛頂寺限』永代而每年拾貫文ニ契約申處實也、然』上者、地下之取帳幷ニ代
官職友ニ、香宗我部』之氏僧弁阿闍梨宥秀之處打渡申事』明白也、此上者、
若於末代、惟宗之氏僧中、又』爲最御崎寺之院主仁、彼在所ニ至違乱者、』

本所幷ニ當國守護殿之爲御沙汰与〔而カ〕、可有知行』物也、殊更大藏卿覺譽遺弟等致緩怠』者、可爲永不教之仁、此上者先師深秀・顯覺』之任契狀之旨而、大小事爲同心、互ニ可致天下』御祈禱狀如斯、

文安三年三月四日　最御崎寺〻務覺譽有判

…………………

一七七　杉宗國代官職請文　一通

○竪紙、「仁和寺」額型朱印、縦三四・六cm、横五四・七cm、一紙、室町中期、

筑前國遠賀莊代官職

（端裏書）「遠賀庄請文」

請申

御室御領筑前國遠賀（遠賀郡）庄御代官職事

右御門跡御領者、就望申被仰付之』上者、御年貢毎年陸拾貫文、京着定、』不謂旱水損、嚴重可令運送之、』若寄事於左右、無沙汰之儀令』現形者、不日可被改御代官職、其』時更不可申子細、仍所請申之狀』如件、

文安四年丁卯十二月廿日　伯耆守宗國（杉）（花押）

越中國阿努荘
中村
沙汰付

一七八　越中守護畠山持國遵行状　……………　一通（圖版8）

○竪紙、「仁和寺」額型朱印、縦三〇・七cm、横四九・六cm、一紙、室町中期、

越中國（射水郡）阿努庄內中村事、『早任被仰出之旨、可沙汰付』御室雜掌之狀如件、

文安五年十二月廿日　（花押）

神保備中守殿

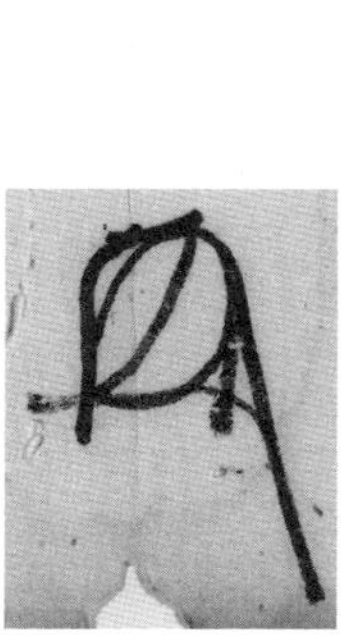

兵庫關
過書

一七九　仁和寺雜掌申狀案　……………　一通

○竪紙、「仁和寺」額型朱印、縦二八・九cm、横四七・二cm、一紙、室町中期、

（端裏書）「兵庫關過書目安案」

周防國秋穂二
嶋荘
河上諸關
南都關所

仁和寺雜掌謹言上
(攝津國八部郡)兵庫關所南北兩方所役事

右子細者、御室御領年貢運送之時、』不及關所〻役之条、往古之流例、御門跡』規模也、而周防國秋穂二(吉敷郡)嶋庄年貢貳』百貫運送之處、河上諸關無其煩、限南』都關所及違乱之条、難儀次第也、任』先規可勘過之由、被成下御過書者、』可爲御祈禱肝要者也、粗言上如件、

寶德二年六月　日

……………………

丹波國桑田郡
西縣村
本所分代官職

一八〇　丹波國桑田郡西縣村本所分代官職補任狀案　一通

○竪紙、「仁和寺」額型朱印、縦二七・九cm、横四七・二cm、一紙、室町中期、

(端裏書)「補任案」

補任

丹波國桑田郡内西縣村本所分御代官職之事

午枕庵
大豆
松明
八講菓子

右彼在所事、依有由緒、永代御代官職事、』所被仰付午枕菴也、御年貢毎年十月中、』料足陸貫文・大豆參斗(本器定、)・松明(幷五ヽ、)・』八講菓子、不謂旱水風損諸事煩、無未』進懈怠可運送、雖爲一事無不法懈』怠、不可有永代改動之儀者也、此旨依』仰下、仍執達如件、

寶德貳年

……………………

一八一　後花園天皇綸旨案　一通

○竪紙、「仁和寺」額型朱印、縦二七・二cm、横四四・八cm、一紙、室町中期、

(端裏書)
「綸旨案文」

修理要脚段銭

御門跡修理要脚御寺領』等段銭(段別十疋、)事、早任先例、』一圓可被充催之旨、』天氣所候也、以此旨可令』申入仁和寺宮(入道靜覺親王)給、仍上啓如件、

康正元
十月十一日　權右中弁經茂(勸修寺)

謹上　菩提院(守遍)僧正御房

仁和寺門跡修理要脚段錢越前國尾張國門跡ノ使

一八二　室町幕府管領奉書　一通

○竪紙、「仁和寺」額型朱印、縦三〇・六cm、横四七・七cm、一紙、室町中期、

仁和寺御門跡修理要脚段錢段別拾疋、』事、一圓可被懸彼領中、早於越前・』尾張兩國所々者、御門跡御使相共』可被執進之由、所被仰下也、仍執達如件、

康正元年十一月十九日　右京大夫（細川勝元）（花押）

左兵衛佐殿（斯波義敏）

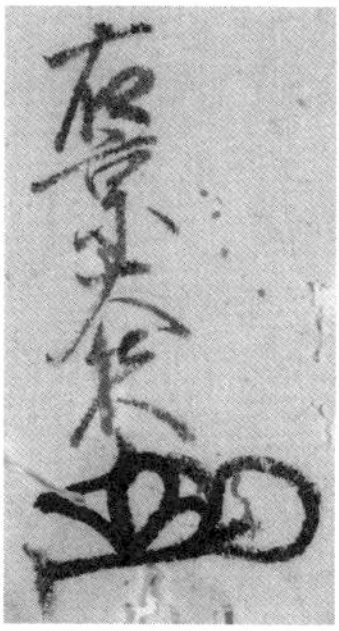

仁和寺門跡修理要脚段錢周防國秋穗二嶋莊門跡ノ使

一八三　室町幕府管領奉書　一通

○竪紙、「仁和寺」額型朱印、縦三〇・三cm、横四八・八cm、一紙、室町中期、

仁和寺御門跡修理要脚段錢』段別拾疋、事、可被相懸周坊（防）國秋穗』（吉敷郡）二嶋兩庄、菩提院領、早御門跡御使』相共嚴蜜可被執進之由、所被仰下也、』仍執達如件、

康正貳年三月廿四日右京大夫（細川勝元）（花押）
大内龜童（政弘）殿

一八四　御所修理料段錢配符　一通

○縦切紙、「仁和寺」額型朱印、縦二八・五cm、横二三・七cm、一紙、室町中期、

入道無品親王
廳
御所御修理料
准錢
攝津國忍頂寺
佐保田

入道無品（靜覺）親王廳（花押）
可早進濟　御所御修理料段別准錢事
攝津國佐保田（嶋下郡）拾五町廿代　段別百文
分錢拾五貫四十文　不有目錢
右用途者、御所御修理料所被配召諸御領段別准錢也、』不謂仏神免田、不
論人給・別納、來廿五日以前可令進濟之狀』如件、

康正三年七月二日　公文大法師（花押）

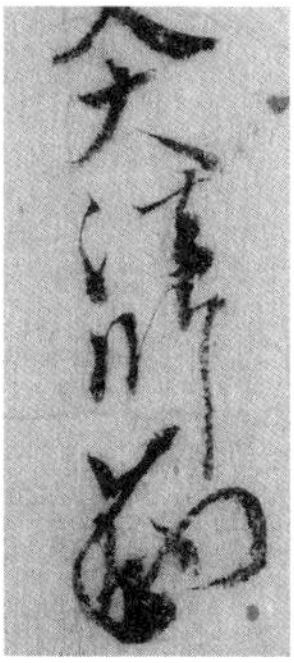

一八五　某荘散用状案　……………………　一通

○竪紙、「仁和寺」額型朱印、縦二八・二cm、横四五・五cm、一紙、室町中期、
右端・左奥裏ニ繼目裏花押アリ、モト毎年ノ散用状案ヲ貼繼ギシモノナラン、

康正元年分

同　康正元年分注進事

合

九貫八百卅文

内

貳貫八百五十文　三月廿五日進納之、

四百六十文　十二月廿九日進納之、▨▨▨〔但此内〕但

三百文ハ路銭兩度之内且給也、

百六十文ハ現銭▨▨▨〔請進云〕後々年ニ大輔阿状アリ、

已上參貫參百十文

守護方散合之入目▨▨▨▨〔さんかう〕地下注進幷米散用狀ニ可見之、

粮物立用之殘

百文

六貫四百壹文

都合拾貫五百九十五文

七百六十五文

過上有之、▨〔合〕兩年分合八百九文過上也、

右、大概所注進狀如件、

康正貳年三月　日

……………………

紙背　佐久良爲道書狀禮紙

○竪紙、縦二八・二cm、横四五・五cm、一紙、室町中期、禮紙切封上書ノミアリ、

○繼目裏花押

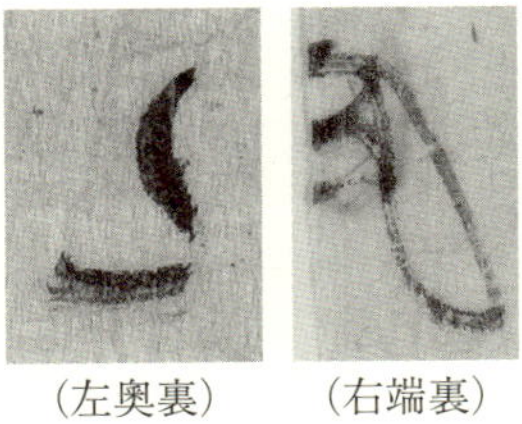

（左奥裏）　（右端裏）

明王院

明王院
御房中
（切封墨引）　佐久良
為道

……………………

阿波國牛牧莊
永仁三年
課役免除

一八六　仁和寺御室入道靜覺親王令旨　一通

○竪紙、「仁和寺」額型朱印、縦二八・一cm、横四七・七cm、一紙、室町中期、

阿波國牛牧庄（那賀郡）、去永仁』參年四月廿一日任御寄附狀』旨、課役免除之儀、不
可有』相違之由、依　御室御氣色、』執啓如件、
（別筆）「康正二」
六月廿日　法眼良念奉
謹上　尊壽院御坊

……………………

一八七　禪信書狀案（土代）　一通

○竪紙、「仁和寺」額型朱印、縦二七・五cm、横四五・八cm、一紙、室町中期、

（端裏書）
「□〔請〕文案吉富保事　長祿元」
若狹國吉富保』可被預下之由、謹奉』候了、上意之趣畏存候、可全當所務』由、可預御披露
候、』恐々謹言、
十一月十五日　禪信

…………………

一八八　太田垣忠泰公用職請文　一通

○竪紙、「仁和寺」額型朱印、縦二八・〇cm、横四七・〇cm、一紙、室町中期、

（端裏書）
「新井庄請文太田墻与次郎
長祿三　」
請文　御室御領但馬國（朝來郡）新井庄公用職事
右、彼庄公用事、以前之未進御免候上者、』自今以後殊更不可有不法之儀、
仍每』年九月中拾貫文・十一月拾貫文、不謂』國違乱幷旱水損、賢〔堅〕可執沙汰
申、』萬一寄事於佐〔左〕右、無沙汰之儀出』來時者、雖爲何時屋形へ訴可被』仰候、
其時一言不可子細申候、仍請』文狀如件、

長祿三年十月一日　　忠泰（花押）

一八九　播磨國仁和寺領段錢文書案（後闕）　　一通

○續紙、「仁和寺」額型朱印、縦二七・〇cm、横四四・七cm、一紙、室町中期、

(1)要脚段錢配符案

播磨國坂本同國松井荘納所

〔播州〕□□□要脚段錢事

　合柒拾壹町參段四拾五代十八歩者

　　但、細川讃岐殿〔成之〕分領別納分除了、

（裏書）「垣屋次郎左衛門〔豊遠ヵ〕方奉行」

右、任被仰下旨、守公田數段別、五十文坂本〔揖東郡〕納所、五十文松井〔多可郡〕庄納所、』來月十六〔日脱〕已前、坂本可有皆濟、若日限令延引者、』以使節堅可致催促之由候也、仍狀如件、

　寛正四年六月廿九日　　　民部丞在判

圓教寺莊

(2) 勘料錢配符案（後闕）

播磨國浦上莊

多賀〔可〕郡　　　　　　　　　　左衛門尉ー

圓教寺庄名主沙汰人中　　　　　　左衛門尉ー

播州　勘料錢事

合百町者

（裏書）「山名大輔殿奉行」

右、任先例御代一度沙汰之、參百文自去ゝ年』至當年段別百文宛、爲百姓役可申付旨、』被仰出候、守公田數、來十六日已前、於浦上』（揖西郡）庄可有皆濟、若日限令延引者、以』

……………………

一九〇　御室雜掌申狀案　一通

○竪紙、「仁和寺」額型朱印、縦三三・九cm、横五五・二cm、一紙、室町中期、

大和國門跡領

至徳・應永ノ御內書・御教書

國民等ノ押領

○第一九一號・第一九二號ハ第一九〇號トホボ同文、

御室雜掌謹言上

大和國御門跡領散在所〻間事

一通　目錄幷御判御教書等奉行封裏、

一通(ママ)　鹿苑院殿(足利義滿)御書

○第一二三號參照、

右、彼庄〻者、爲往古寺領御相傳異于他、殊至徳・應永』御內書幷御教書等明白之處、近年國民等任雅意』押領、言語道斷次第也、依之嚴重御願令退轉、門中』闕乏絶常篇、所詮早被退押妨人等、全　門跡御知行者、弥』可爲善政、仍粗言上如件、

寛正四年十一月　日

……………………

一九一　御室雜掌申狀案　　一通

○竪紙、「眞光院」複廓長方朱印、縱三四・二cm、横五五・五cm、一紙、室町中期、

御室雑掌謹言上

　　大和國御門跡領散在所ゝ間事

副進

一通　目録幷御判御教書等奉行封裏、

二通　鹿苑院殿御書

右、彼庄ゝ者、爲往古寺領御相傳異于他、殊至德・應永』御内書幷御教書等明白之處、近年國民等任雅意』押領、言語道斷次第也、依之嚴重御願令退轉、門中闕』乏絶常篇、所詮早被退押妨人等、全門跡御知行者、』弥可爲善政、仍粗言上如件、

　　寛正四年十一月　日

一九二　御室雑掌申狀案　一通

○竪紙、「仁和寺」額型朱印、縦三一・四cm、横四五・一cm、一紙、室町中期、

御室雜掌謹言上

大和國御門跡領散在所〻間事

一通　目錄幷御判御教書等（奉行封裏、）

一通（ママ）　鹿苑院殿御書

右、彼庄〻者、爲往古寺領御相傳異于他、殊』至德・應永御內書幷御教書等明白之處、』近年國民等任雜〔雅〕意押領、言語道斷次第』也、依之嚴重御願令退轉、門中闕乏絶常』篇、所詮早〇被退押妨人等、▨全門跡御知行者、』弥可爲善政、仍粗言上如件、

寛正四年十一月　日

…………………

一九三　御室雜掌申狀案　一通

○竪紙、「仁和寺」額型朱印、縱三一・九cm、横四六・一cm、一紙、室町中期、

御室雜掌謹言上

丹波國三箇北莊
應永以來ノ御判御教書
善法寺ノ押妨

丹波國三箇(多紀郡)比〔北〕庄内公文職間事

右、彼公文職者、付當庄、自往古門跡相傳御知行』異于他、殊去應永以來御判御教書正文備之、以下』明察之處、近年善法寺無謂知行之間、嚴重』御願忽以闕怠、門中衰微經年倍也、愁而』不足、歎而有餘、所詮早被退彼押妨、任證文』旨、如元全門跡御知行者、弥爲致御祈禱精誠、』仍粗言上如件、

寛正▨四〔五〕年十一月　日

……………

菩提院領
周防國秋穗二嶋莊
越中國石黒莊山田郷・廣瀬郷
攝津國忍頂寺佐保カ

一九四　足利義政御判御教書　　一通

○竪紙、「仁和寺」額型朱印、縱二八・八cm、横五三・八cm、一紙、室町中期、下部闕損、

仁和寺菩提院領周防國秋穗二嶋(吉敷郡)□』付下司・公文兩職、・越中國石黒(礪波郡)庄内山田郷□』廣瀬郷付散在下地、・攝津國忍頂寺(嶋下郡)佐□(保カ)』惣檢校幷權司兩職名田畠等所々目録□在之、』事、早任證文幷當知行之旨、領□』不可有相違之狀如件、

寛正五年二月廿五日　□

一九五　室町幕府奉行人連署奉書　…………　一通

○折紙、「仁和寺」額型朱印、縦二七・三cm、横四四・五cm、一紙、室町中期、

山城國散在
河州十七箇所

仁和寺御室』御領山城國所々』散在河州十七』个所進發陣夫』事、可被止催
促』由候也、仍執達如件、

寛正六
九月三日　(飯尾)之種(花押)
(布施)貞基(花押)

(名倉泰家)
守護代

一九六　室町幕府奉行人連署奉書　…………　一通

○折紙、「仁和寺」額型朱印、縦二七・二cm、横三六・七cm、一紙、室町中期、

門跡料所方

御門跡料所方』諸國所々目録在別帋、』年貢幷諸公事』等事、可直進之旨、』可被相觸
方々』代官之由候也、仍執達』如件、
文正元
十二月五日貞有（飯尾）（花押）
玄良（齋藤基恆）（花押）
御室雜掌

……………………

一九七 細川家奉行人奉書案 一通

○折紙、「仁和寺」額型朱印、縦二九・七cm、横四三・二cm、一紙、室町中期、

（端裏書）
「芥河方支證案文」
攝津國嶋下郡』忍頂寺五个村事、』支證明鏡之上者、』如先規領家職』半分事、
但除御料所分、』可被致知行之由』候也、仍執達如件、
應仁二
十一月二日慶琛判

攝津國忍頂寺
五箇村
領家職半分

大和國中鳥見荘

理證院

(1)室町幕府奉行人連署奉書案

國民等押妨

芥河宮一殿

……………………

一九八　大和國中鳥見荘重書案　一通

○續紙、「仁和寺」額型朱印、縦二四・〇cm、全長八一・二cm（第一紙四一・〇cm、第二紙四〇・二cm）、二紙、室町後期、(2)(3)ハ折紙ノ様式ニテ書寫スル、

（端裏書）
「中鳥見庄支證理證院」

（花押影）　此判ニテ裏封、似せて寫之、

大和國（添下郡）中鳥見庄事、近年』國民等押妨云々、甚不可然、不』日退彼違乱、任
先規可被全』領知之由、所被仰下也、仍執達』如件、
文明元年十一月十六日　（齋藤）加賀守判　種基云々
（飯尾）肥前守判　之種云々
理證院雑掌

（2）室町幕府奉行人連署奉書案

理證院領大和國』中鳥見庄當知』行無相違處、寄』事於左右、沙汰人等』濫妨
云々、事實』者太不可然、（第二紙）早退』彼妨、可令全雜掌』所務由、被仰出候也、』仍
執達如件、
長祿三
九月廿四日　種基判
（雜賀）妙金判
（順永）筒井殿

（3）室町幕府奉行人連署奉書案

理證院雜掌申』大和國中鳥見庄』事、年貢・諸公事』以下可運上處ニ、』号國
民押妨、沙汰』人等違乱云々、頗招』罪科歟、所詮如』先々嚴密可致其』沙汰、
尚有難澁▨〔者〕之』輩者、可注進交名』由、被仰出候也、仍』執達如件、
長祿三
七月廿四日　種基判
當所（ママ）名主沙汰人中　妙金

越中國石黒莊廣瀬鄉

(1)越中國石黒莊廣瀬鄉領家方代官職補任狀案
菩提院領二宮與三郎ヲ補任

(2)越中國石黒莊廣瀬鄉領家方代官職請文案

一九九　越中國石黒莊廣瀬鄉具書案　　一通

○續紙、「仁和寺」額型朱印二顆、縦二七・一cm、全長七四・〇cm（第一紙四五・〇cm、第二紙二九・〇cm）、二紙、室町中期、

補任　菩提院御門跡領越中國石黒庄（礪波郡）内』廣瀬鄉領家方御代官職事
右在所者、就被望申、自當年五个年之間、所』被補任二宮□（与カ）三郎方也、御
年貢事、雖有』減少、一乱之間以別儀被任被申請旨畢、』天下屬靜謐者、
▨▨（則時）可（有）增進之、不被背請文』者、年紀之間無左右不可有改動之儀者也、仍
補任』狀如件、
文明二年

請申　菩提院御領越中國石黒庄内廣瀬』鄉領家方御代官職事
右所職者、依望申、自當年五个年之間所』被仰付之也、年紀已後速可渡

進地下、

一、御年貢事、毎年六拾貫文、不謂旱水損幷』都鄙之煩、十月中可令皆済之、京進定、請切申之上』者、運賃・雑用等之煩、無公平之失墜、爲私』可沙汰進之、土貢減少事、一乱之間別而所申』請也、天下属静謐者、則時任先規可令増進事、

一、御大儀之時課役事、任御下知旨可執進之事

一、地下諸公事、毎度伺申可致成敗事

條々守此旨、可致其沙汰、万一雖爲一事』（第二紙）令違背者、不日可被改御代官職、其時不可』及一言之子細者也、仍請文如件、

文明貳年

(3) 某書状案

御門跡領越中國石黒庄内廣瀬郷領家』方御代官職事、二宮与三郎被仰付之条、』目出候、請文召進候、若違背之儀候者、堅』可申付候、有限御年貢

万一無沙汰事』候者、可致弁沙汰候、申定候之上者、更不可』有異反之儀候
之由、可有御披露候、、、、

文明貳
三月

按察僧都御坊

……………………

二〇〇　近江國富田莊文書目録　一通

○竪紙、「仁和寺」額型朱印、縦三一・五cm、横四六・七cm、一紙、室町中期、

（端裏書）
「目録」

近江國
富田庄文書目録（淺井郡）

一巻　立券帳保延元　九　十九
此正文去寛正三年付置布施下野守（貞基）許之處、未及返進者也、
○一通　廳宣案天養二　正
此正文自元無之、
○一通　武家御教書案永和二　九　六

近江國富田莊
立券帳
保延元年
廳宣
天養二年
武家御教書
永和二年

崇賢門院
應永二十年
入道永助親王
應永三十一年
聖榮比丘尼
寛正三年
寛正四年
弓削修理進
八王子
段錢免除武家
下知狀
上乘院

一通　崇賢門院御書正文應永廿　六　廿七
一通　自後常瑜伽院（入道永助親王）御室被進　崇賢門院御書案應永卅一　十二　廿三
一通　聖榮北〔比〕丘尼号西庵、狀正文寛正三　八　卅
一通　同狀正文寛正四
一通　同請文正文寛正四　十　十六加判形者也、
一通　弓削修理進請文正文寛正三　十　三
以上
文明十三年九月廿一日記之、
此外、去寛正三年八王子造營料段錢免除之』武家下知布施下野守奉、狀、爲沙汰遣上乘院之處、未返納』者也、

……………………

二〇一　室町幕府奉行人連署奉書案　一通

○折紙、「仁和寺」額型朱印、縦二七・一cm、横四七・七cm、一紙、室町中期、

紀伊國濱仲莊
畠山政清直務
ニ成サル

下部闕損、

御室御領紀州』濱仲庄（海部郡）領家職事、』畠山刑部少輔（政清）年貢』無沙汰之上者、被成』直務之奉書訖、早』年貢以下如先ゝ、』可致其沙汰之由、被』仰出候也、仍執達如件、

文明四
九月十六日　英基（布施）判
之種（飯尾）判

當庄名主沙汰人中

……………

二〇二　某書状（後闕）　一通

○竪紙、「仁和寺」額型朱印、縦二七・九cm、横四七・六cm、一紙、室町中期、

（端裏書）
「濱仲庄事文明四十二」

可爲御禱（祈）禱、此子細令申』河内守候、堅可申入候哉、

紀伊國濱仲莊

連ゝ令申候濱仲庄（紀伊國海部郡）』事、毎年七十石、依異他』子細、致其沙汰候處、兩年』

直務ノ御成敗モ遵行セズ

一向押領之条歎入候餘、奉達』上聞、適預直務之御成敗候處、』刑部（畠山政清）如何様被申掠候哉、于今』不預御遵行条、迷惑至候、』如傳承候者、散用義委細未』入御聞候哉、且不便至候、所詮當』年事、又不空手様被仰付候由、別而』

…………………

二〇三　畠山政清申状案（前闕）　一通

○續紙、「仁和寺」額型朱印、縦二七・三cm、横四六・八cm、一紙、室町中期、

紀伊國濱仲荘政清ニテ四代當知行

切米ニテ渡シ申ス

摩尼珠院先師地頭・領家

無覺悟候、其□□□〔謂者カ〕□□□□□□□□』預申候□尤候、濱仲庄（紀伊國海部郡）事者、爲代〻公方御』判之地、至政清四代當知行仕候、本所江參候領家□』御年貢者、南庄百五十石內、難得之時柒十石、』毎年拾月ニ従此方被召一行、直被下人於』國、以切米従往古渡申、於京都□□□□□』如此之通、摩尼珠院先師之時より至于今、渕』底御存知事候、然時者地頭・領家之儀ま

梶原

てに□』あるへく候哉之處、毎〻至下地御競望無□』謂子細候、殊〔×但〕領家へ
參候御年貢此方無御沙汰之』段者、去年梶原算用狀見候、

國衆在京

一、新給幷不作、同毎年損免等事、何も□』郡爲郷組百姓等致緩怠事、無其
隱候、』幸國衆在京事候上者、是又非私曲候、

代官得分

一、代官得分事、本所不可有御存知之由承候、此事』餘迷惑之通、一端御屋
形江申入□□□□』石年貢內、百石計者地下江押取候、殘五十石を』當年
より貳十石分御本所江可渡申候、貳十五石』梶原引取候時者、一向無足
仕候、

百姓ハ郷組ト
號ス
代官ノ不儀
直務

如此之條〻、百姓等号郷組致緩怠、同代官之不』儀等不及御糺明、悉皆
愚身無沙汰之由被取成、』無謂御直務なと掠御申事、太不□□〔便次〕□□』於身
非緩怠候、

文明五年七月　日

…………………

二〇四　紀伊國濱仲莊條々事書案（土代）　一通

○竪紙、「仁和寺」額型朱印、縦二八・九cm、横四七・七cm、一紙、室町中期、

就濱仲庄（海部郡）刑部少輔（畠山政清）方被申條ゝ、雖』多端、只今强不可及再往問答歟、肝』要忩可預御成敗子細事

一、於國次三分一之事者、無隱儀之上者、』無力次第也、此分可有立用候、但及停止之』御沙汰者、如元可有其沙汰事

一、年ゝ一向未進分事、來秋中忩可有』究濟事

〔一、毎年千疋事、一斗御未進分、同秋中　可有其沙汰事〕

▨▨▨▨▨▨▨▨▨▨▨▨▨▨』▨▨▨▨▨▨

〔一、於新給幷不作、同毎年損免等事者、爲　本所不可有存知之由、以前子細令申上

▨▨▨▨▨▨▨▨▨▨▨▨▨▨▨▨』▨▨▨▨▨▨▨▨▨▨▨▨▨▨▨▨

者、只今重而不及是非者也、〕

▨』▨▨▨▨▨▨▨▨▨▨

文明五年七月　日

「（追筆）後書直之、打墨分』不書遣之」

二〇五　室町幕府奉行人連署奉書　　一通

○竪紙、「仁和寺」額型朱印、縦二七・五cm、横四六・六cm、一紙、室町中期、

御門跡領山城國所々注文在別帋、』事、凶徒等少々令退散之』上者、如元可令知行
給之由、』所被仰下也、仍執達如件、
文明六年七月六日　彈正忠（布施英基）（花押）
丹後前司（松田秀興）（花押）
御室雑掌

……………………

二〇六　室町幕府奉行人連署奉書　　一通

○折紙、「仁和寺」額型朱印、縦二八・八cm、横四七・二cm、一紙、室町中期、

（端裏書）
「虫生社」

近江國虫生社代官入部スベシ

御室御門跡領江州(野洲郡)虫生社事、代官可』入部云々、早年貢』以下、如先々嚴密可』致其沙汰之由、被仰』出候也、仍執達如件、

文明七
八月九日　(布施)英基(花押)
(飯尾)元連(花押)

當所名主沙汰人中

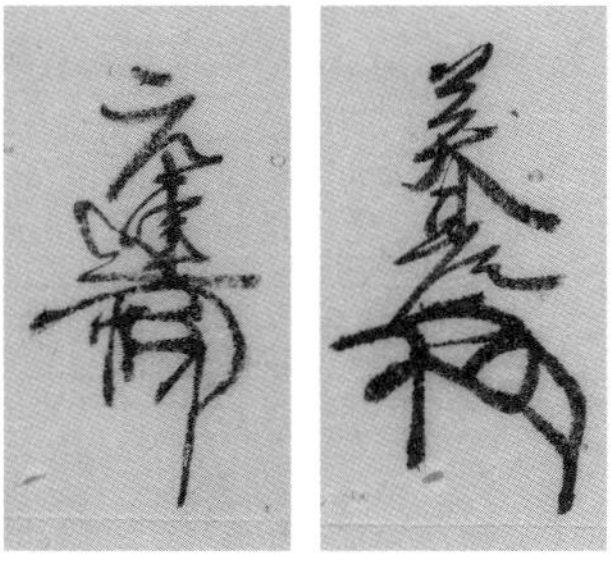

二〇七　近江國御室領重書案(後闕)　一通

○續紙、「仁和寺」額型朱印、縦二六・二cm、横四三・九cm、一紙、室町中期、
○(2)ハ第二一〇九號ノ案文、(3)ハ第二一〇六號ノ案文、

栂尾
(1)室町幕府奉行人連署奉書案
近江國江邊荘代官入部スベシ

(端裏書)
「栂尾へ被遣」

御室御門跡領江州(野洲郡)江邊庄事、』代官可入部云々、早年貢以下、如先々』嚴密可

致其沙汰之由、被仰出候也、仍』執達如件、

文明七
八月九日　英基(布施)判
元連(飯尾)判

當庄名主沙汰人中

(2)室町幕府奉行人連署奉書案
近江國富波莊

御室御門跡領江州富波庄(野洲郡)事、代官』可入部云々、早年貢以下、如先々嚴密』
可致其沙汰之由、被仰出候也、仍執達如件、

文明七
八月九日　英基判
元連判

當庄名主沙汰人中

(3)室町幕府奉行人連署奉書案
近江國虫生社

御室御門跡領江州虫生社(野洲郡)事、』代官可入部云々、早年貢以下、如先々』嚴密可
致其沙汰之由、被仰出候也、仍』執達如件、

文明七
八月九日　英基判
□□(元連)判

□□□□□〔汰人中カ〕

二〇八　室町幕府奉行人連署奉書　一通

○折紙、「仁和寺」額型朱印、縦二七・五cm、横四七・〇cm、一紙、室町中期、

近江國淺井莊代官入部スベシ

御室御門跡領江州』淺井（淺井郡）庄事、代官可』入部云ゝ、早年貢以下、』如先ゝ嚴密可致』其沙汰之由、被仰出候也、』仍執達如件、

文明七
八月九日　（布施）英基（花押）
（飯尾）元連（花押）

當庄名主沙汰人中

二〇九　室町幕府奉行人連署奉書　　一通

○折紙、「仁和寺」額型朱印、縦二八・七cm、横四七・二cm、一紙、室町中期、

近江國富波莊代官入部スベシ

（端裏書）「富波庄」

御室御門跡領江州』（野洲郡）富波庄事、代官』可入部云〻、早年貢』以下、如先〻嚴密可』致其沙汰之由、被仰』出候也、仍執達如件、

文明七
八月九日　（布施）英基（花押）
　　　　　（飯尾）元連（花押）

當庄名主沙汰人中

……………………

二一〇　法眼某奉書案　　一通

○竪紙、「仁和寺」額型朱印、縦二六・七cm、横三五・〇cm、一紙、室町中期、

無量壽院妙見
小田
沽却アルベシ

（端裏書）
「案　大永五　五　十六　西首座入見參內、
此紙不奉、」

仁和寺無量院妙見小田之事、可』有沽却由不可有相違候、此旨』可令申由候也、仍執達如件、

文明拾年三月十七日　法眼在判

刑部卿上座御房

……………………

二一一　慈濟庵所領目録　一通

○竪紙、「仁和寺」額型朱印、縦三六・一cm、横五一・〇cm、一紙、室町中期、

華頂慈濟庵領
攝津國小林上
荘
洛中洛外散在
田畠・庵敷地

（端裏書）
「慈濟菴」

華頂慈濟菴領所

一、小林（武庫郡）上庄本所分　攝津國

一、洛中洛外散在田畠幷菴敷地　山城國

一、末菴孝秀院敷地　　仁和寺

已上

文明十年五月六日

宗殊（花押）

鹿苑梵桂（維馨梵桂）（花押）

○裏書アリ、裏書ハ本文ト別筆、表書「一、洛中洛外散在…」ノ紙背ニ裏書2ヲ記シ、表書「文明十年五月六日」ノ紙背ニ裏書1ヲ記ス、

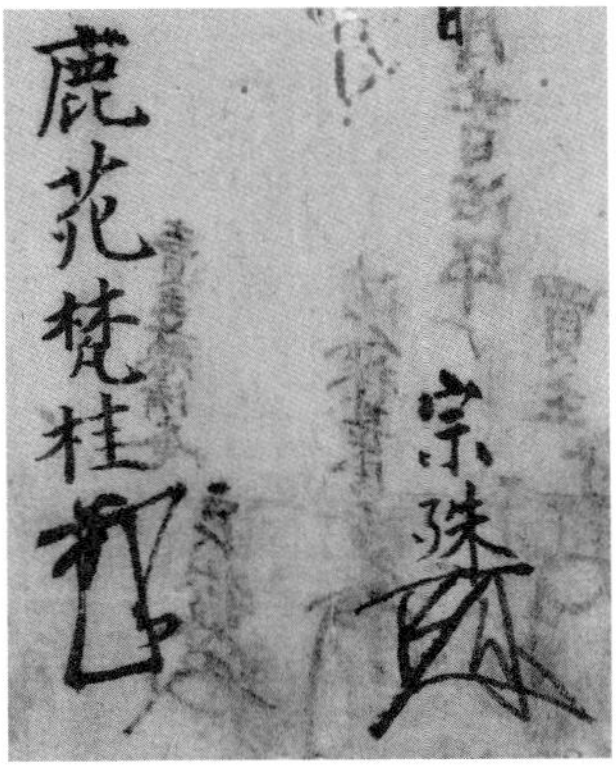

（裏書1）

「此内淺田四段、皆壹色仁天文六年丁酉九月廿日沽却、

賣主慈濟奄〔菴〕　良㺶（花押）

請人林甚衞　清久（花押）

買主　守漸（花押）

（裏書2）

「此内淺田參段本役分、享祿元年戊子十二月廿一日沽却、

賣主〔孝〕考秀院主　良㺶　（花押）」

買主
長秀（花押）」

○裏書1

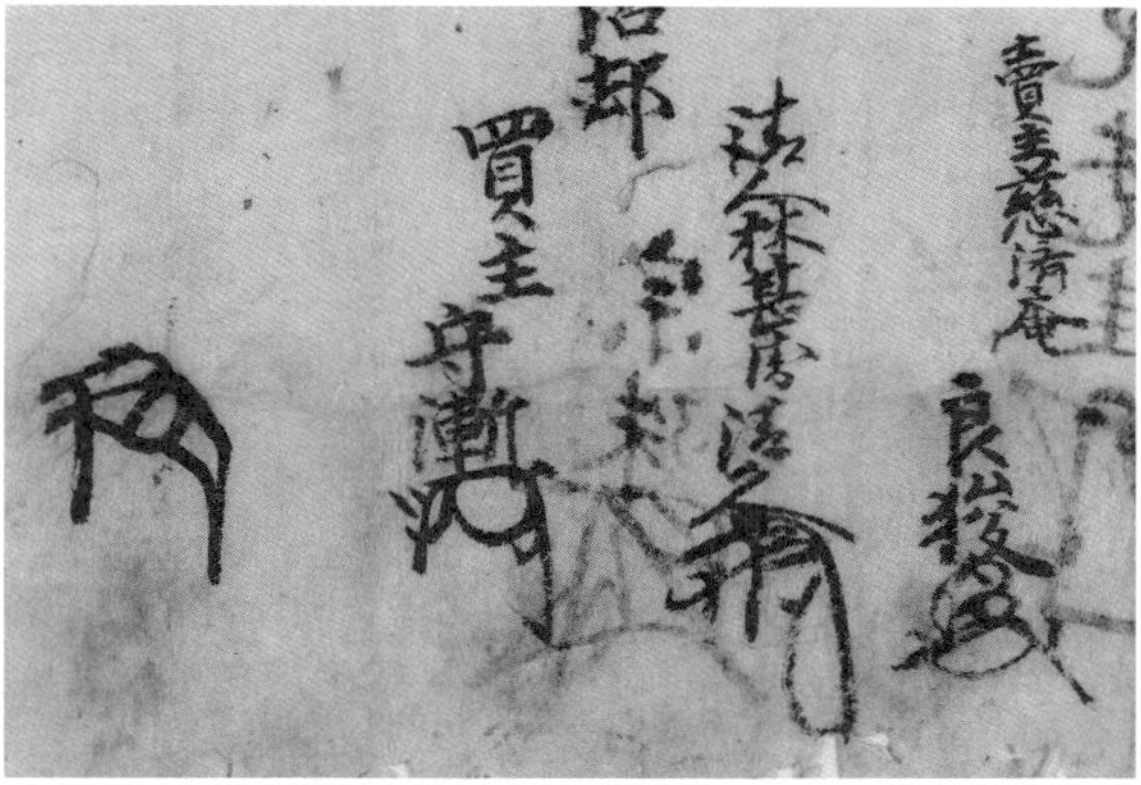

○裏書2

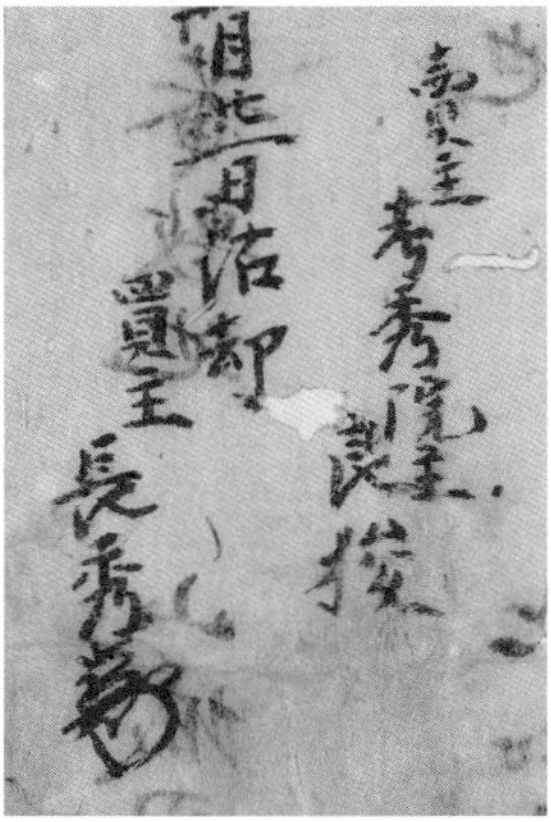

二二二　山城國九條勅旨田年貢散用狀（後闕）　一通

○續紙、「仁和寺」額型朱印、縱二七・三cm、橫四六・五cm、一紙、室町中期、

九條勅旨田年貢

（端裏書）
「文明十二　納所散用状」

文明十二年分

九条（紀伊郡）勅旨田御年貢

九十五石之内

文明十一年

文明十一年十二月卅日御公用

十貳貫七十五文

諸給人ニ下行、　十石五斗代、
請取アリ、

同十一月十九日ツイチノ時御公用

同リ十貫八百六十文　　十五个月分

壹貫文

同リ壹貫文

文明十二年

文明十二年七月廿八日八朔ノ御公用

十七个月分此切帋□寺家ニ申處、其時御日記ヲ尋失之由被申候て、未給候、

貳貫文　　奉書アリ

同リ九百六〔×八〕十文　　八□〔个〕月分

文明十一年十二月卅日顯順御給分御公用

貳貫八百七十五文　　請取アリ

松田貞康

同リ貳貫五百八十文　　十五个月分

文明十二年六月十七日松田豊前（貞康）方へ被遣候御サカナ代　奉書アリ、

四百文

同リ貳百四十文　　十个月分

已上卅三貫九百九十文歟

此半分

十六貫九百九十五文歟

文明十二年十一月七日松田豊前方へ御打帋代

四貫文

同リ壹貫貳百文　五个月分

文明十二年六月十七日松田豊前方へ被遣候時

八百文　柳貳荷代

同十二月廿二日同所へ被遣候御サカナ代

貳百文　御奉書者未給候、

同リ四十八文　四个月分

……………………

二一三　全經書狀　一通

○竪紙、「仁和寺」額型朱印、縦二八・五cm、横四〇・七cm、一紙、室町中期、

（端裏書）
「□免」

周防國秋穗二嶋荘
豐前國京都郡・田河郡
高石殿

度々參申候、秋穗二嶋(周防國吉敷郡)正税』之事、去年・去々年ト二百九十貫文』かと存候、(豐前國)京都・田河郡御存知』之由高石殿承候、可然樣被仰付候者、』可爲祈禱候、就其御物語申候、明日』子細尤候へとも、可然樣御意見候者』畏入候、万奉望候、恐々謹言、

文明十四
卯月廿六日　全經(花押)

鄉月下總守殿
御宿所

…………………

播磨國則直保・須賀院代官職

二一四　玉村熙秀代官職請文　一通

○竪紙、「仁和寺」額型朱印、縦二七・六cm、横四四・二cm、一紙、室町中期、

請申　御室御門跡領播磨國則直保(飾西郡)』幷須賀院(神西郡)御代官職之事

右在所者、依望申被仰付畢、於』御年貢・諸公事物等者、毎年』有限分可致執沙汰、万一雖爲』一事背請文旨、不法懈怠之儀』令出來者、不日可有御改易彼職』者也、仍請文之狀如件、

文明十五年十二月　日　玉村駿河守凞秀（花押）

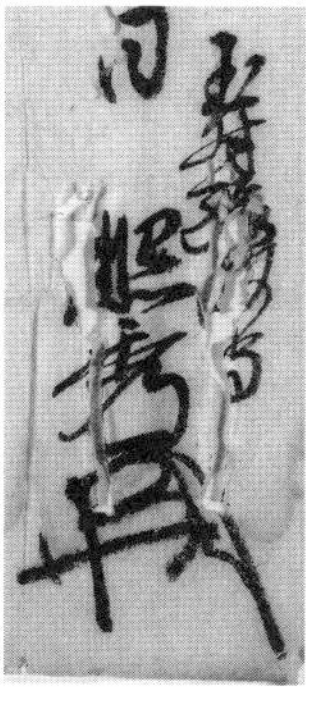

二一五　室町幕府奉行人連署奉書　一通

○折紙、「仁和寺」額型朱印、縦二五・〇cm、横四六・七cm、一紙、室町中期、筑前國遠賀荘麻生兵部大輔

御室御門跡領筑前』國遠賀庄（遠賀郡）代官職』事、被仰付麻生（家延）』兵部大輔之旨、先度』被仰候畢、宜被存知』由被仰者也、仍執達』如件、

文明十
十月十三日　英基（布施）（花押）

貞康（松田）（花押）

山鹿右馬助殿

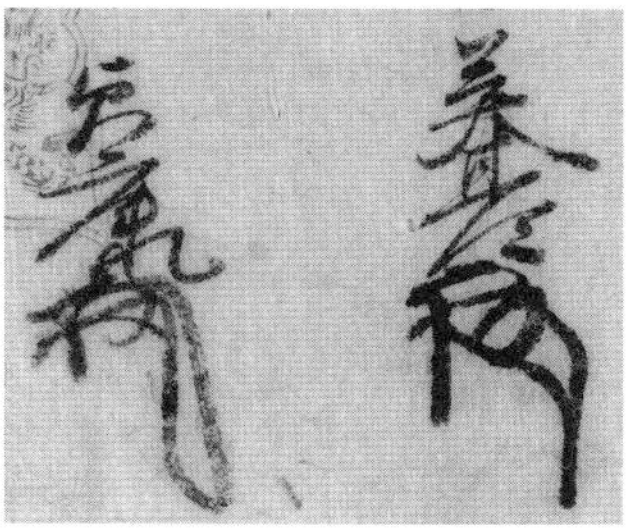

二一六　秋穂二嶋荘算用状案（後闕）　一通

○續紙、「仁和寺」額型朱印、縦三一・九cm、横四四・七cm、一紙、室町中期、

（端裏書）
「秋穂二嶋算用狀案文」

（周防國吉敷郡）
秋穂二嶋去年〻貢算用狀之事

合文明十九年丁未長享元年

貳百六拾貫文　御年貢納之

六貫文　月俸十月・十一月・十二月三个月分

此内御使足分

六拾貫文文明十九年五月十八日、京にて彦衞門御借狀在之、此内十貫文未しん、

三文子
貳拾三貫四百文利平至當年四月　十三月分

壹貫文　正税奉行禮　毎年分

二貫文　正月屋形禮□入め

周防國秋穂二嶋荘
文明十九年
長享元年

三貫文　諸奉行一年中ふるまい

二貫文　豊前所務宿坊賃

二貫文　同倉敷

三貫文　同今居津（豊前國仲津郡）より赤間關（長門國豊浦郡）へ御』

解　題

仁和寺には数多くの聖教・典籍・文書が伝存している。それらは伝来状況に従って、御経蔵・塔中蔵・黒塗手箱などに分類されている。その中で文書は各所に分散して存在するが、質・量ともに優れているのが、笈函と、今回翻刻した御経蔵第一五〇函の文書である。それらの函には中世の寺領関係文書が数多く収納されており、仁和寺の中世荘園を検討する上で不可欠の史料群である（田中一九九〇・綾村一九九二など参照）。それゆえ今回、『仁和寺史料　古文書編一』として、御経蔵第一五〇函の一部を収録した。仁和寺文書の全貌については今後の課題とすべき部分が大きいので、ここでは、本書に収めた文書を中心に、簡潔に延べておく。

一　御経蔵第一五〇函の調査

御経蔵第一五〇函は、六本脚の唐櫃である。正面に錠金具、背面に留メ金具を有する。大きな箱で、幅七一・一cm、奥行五七・八cm。高さは、脚・蓋も入れた総高で四七・一cm、脚部を除いた蓋・身部分で三九・八cmを測る。身の底板外面には左記のような墨書があり、ここから、この唐櫃が慶長一五年（一六一〇）製作と判明する。

慶長拾五年辛(ママ)戌正月廿一日

（梵字）

仁和寺

また、蓋の内面には二通の目録が貼付されている。下記のようなものである。

1法服等目録　　一通

江戸前期、竪紙、楮紙、縦三一・四cm、横四六・八cm、一紙、
（文首）「入目六／一三衣香染同色座具　一赤色平袈沙〔裟〕同色横皮〔被〕」
（文末）「一赤地浮文御五条袈沙二一衲衣同横皮／（別筆）『已上广〔慶〕安』四卯七廿合点了／一古シユタラ一筋一スヘ五条紫袋入』」

2法服等目録　一通

江戸後期、横切紙、楮紙、縦一六・二cm、横三八・七cm、一紙、
（文首）「一黄御鈍色　一包」（文末）「右文化五辰閏六月九日／改之」

これらの貼紙から、この唐櫃は江戸時代前期から後期にかけて、法服等を収納する箱として使用されていたことが判明する（池田二〇〇一も参照）。文化五年（一八〇八）以降のある時点で、重要文書を入れる文書函に転用されたのだろう。当研究所の前身である奈良国立文化財研究所（以下、当研究所と呼称する）は、昭和三三年度（一九五八）に科学研究費補助金を得て調査を開始した。その時点では御経蔵第一五〇函内の文書は、寺領文書・雑文書・文書断片・公文書、等々に分類され、それぞれが包紙に包まれて一括されていた。特に点数が多いのが寺領文書で、寺領文書だけで一〇括に分けられ、それぞれ包紙で包まれていた。

この時の調査により、当研究所は御経蔵第一五〇函に、学界に未紹介の中世文書が多数収納されていることを認識した。その際、まずは当時の状況のままで、簡便な目録を作成している。しかし特に寺領文書に関しては、一〇括に分かれていたが、内実は時代もまちまちで、糊離れによって断簡となっていたものも存在した。そこで寺領文書を全体的に整理し、断簡はできるだけ接続させ、基本的には編年順となるように並べ替えている。その上で文書一通ごとに番号を付与し、時代別に一括して、新たに包紙に包み直している。その包紙は、旧包紙を再利用し、その上書を訂正して用いている。その結果寺領文書は、下記のように一二括にまとめ直され、御経蔵第一五〇函の第一号～第三七九号に整理された。

寺領文書一	平安時代	九通	（第一号　～第九号）
寺領文書二	鎌倉時代之一	三十五通	（第一〇号　～第四四号）
寺領文書三	鎌倉時代之二（年代未詳分）	十八通	（第四五号　～第六二号）
寺領文書四	南北朝之一	二十七通	（第六四号　～第九〇号）
寺領文書五	南北朝之二	三十通	（第九一号　～第一二〇号）
寺領文書六	室町時代之一	四十五通	（第一二一号～第一六五号）
寺領文書七	室町時代之二	五十一通	（第一六六号～第二一六号）
寺領文書八	室町時代之三	四十二通	（第二一七号～第二五八号）
寺領文書九	室町時代之四	四十六通	（第二五九号～第三〇四号）
寺領文書十	室町時代之五	五十四通	（第三〇五号～第三五八号）
寺領文書十一	徳川時代	十四通	（第三五九号～第三七二号）
寺領文書十二	文書断片	七通	（第三七三号～第三七九号）

一方、御経蔵第一五〇函には前述のように、寺領文書以外にも、雑文書・文書断片・公文書等々の包紙で一括された文書も存在する。それらは基本的には包紙の一括関係を改変することなく、包紙同士の順番と、包紙内部での一通ごとの順番を決めて、第一五〇函を通した文書番号をつけている。

この時の調査知見に基づいて、田中稔により、一部重要資料が紹介された（田中一九五九・田中一九六九）。その後も当研究所によって調査が続けられ、全点の調書作成・写真撮影を実施した。その過程で、第五三号は他と接続することが判明したので、欠番となっている。その後、東京大学助教授（当時）月本雅幸を代表者とする科学研究費補助金調査（平成九年度〈一九九七〉～平成一二年度）とその補足調査により、御経蔵の聖教・文書にラベルが貼付された。この時に御経蔵第一五〇函も、全点に、当研究所がつけた番号に従ってラベルが貼付されている。以上の調査の結果、現在、御経蔵第一五〇函の文書は、断簡等も含めて第一号~第六四七号に及んでいる。

当研究所では御経蔵第一五〇函の全点を写真撮影した後、写真に基づいて釈文を作成し、その釈文を原本によって校正する作業を続けている。その結果、一冊の本にまとめるだけの内容が整ったので、本書に公表することとしたものである。本書収録分は、前掲の一括関係で言うと、「寺領文書一　平安時代」から「寺領文書七　室町時代之二」まで。文書番号では第一号から第二一六号までである。ただし、一括関係は前記のように、昭和三〇年代の分類に基づくものなので、その後の検討の結果、一括の区分と文書の推定年とで、時代が相違しているものも存在する。また検討の過程で、第六号と第四九号、第三三号と第三四号は同一文書と考えるに至った。しかしこれらはラベル貼付後でもあり、欠番とはせず、二重の番号を付与した。

二　本書所収文書の内容

このように本書所収の文書は、寺領文書と分類された、平安時代から室町時代にかけての文書である。極めて多くの所領が登場するので、所領ごとに文書番号を掲げて、一覧表に整理して左に掲げておく。所在は畿内七道のすべてに及び、東は武蔵国、西は肥後国に及んでいる。また所領の内実は、仁和寺領荘園はもちろんのこと、元来女院領だった荘園や、東寺領など、多様な荘園を含む。このような所領が仁和寺と関係を持ち、文書が仁和寺に伝来していること自体、仁和寺の性格を示すものだろう。これらの文書が、仁和寺、さらには中世荘園を考察する上で重要な史料群であることは疑いない。

表　本書に登場する所領等と文書番号

畿内

山城国
池田荘　七三
開田荘　一〇九・一四八
九条勅旨田　二一二
下久世荘　一四三
常盤村　一五三・一六八・一六九
三栖荘　二〇

大和国
今井荘　一二三
大神勅旨田　一二三
門屋荘　一二三
河南荘　一二三
河原荘　四四
葛本荘　一二三
小泉荘　一一〇・一二三
金剛寺(坂田寺)　一二三
常門荘　一二三
浄土寺(山田寺)　一二三
須恵荘　一二三
竹田荘　一二三
立野荘　一二三・一六三
近内荘　一二一・一二三
中鳥見荘　一七・八七・一九八
平群荘(西宮荘)　一二三
平野殿荘　五四
細井荘　一二三
三島荘　一六三
南櫟本荘　一二三
宮滝荘　一二三
弥富荘　一二三・一六四
山尻荘　一二三
夜部荘　一二三
大和荘　一二三
大和勅旨田　一二三
和田荘　一二三
和南寺　一二三

河内国
厚見荘　七三

摂津国
安満承香勅旨田　一六一・一六二
円教寺勅旨田　九一
小林上荘　一五三・二一一
垂水荘　四五背
忍頂寺　一六・二八・六九・七〇・七一・一〇五・一一五・一六五・一八四・一九四・一九七
穂積荘　九七・一〇一・一七一

東海道

尾張国
大浦荘　一四〇
小弓荘　三
堤田荘　三
山名荘　三

甲斐国
稲積荘　七二
篠原本荘　四五

武蔵国
六連荘　二四

東山道

近江国
浅井荘　二〇八
江辺荘　二〇七
大原荘　一二三
相撲庭荘　一一
富波荘　二〇七・二〇九
富田荘　二〇〇
真野荘　一五二・一五八・一五九
虫生社　二〇六・二〇七

美濃国
市橋荘　四・六＋四九
仲北荘　七三
船木荘　九六

北陸道

若狭国
吉富保　一八七

越前国
河和田荘　八・四六・一〇四
鳥羽荘　七三
真柄荘　一〇四

加賀国
井家荘　一五三

越中国
阿努荘　一一一・一三九・一七〇・一七八
石黒荘　一八・二五・二六・三六・三八・四七・六五・八九・九八・九九・一〇〇・一五四・一五五・一五六・一五七・一六〇・一九四・一九九
伊田保　四八
楡原保　一一一・一三九

三　他の文書函との関係

仁和寺が所蔵する文書は、御経蔵第一五〇函のほか、笈函・御経蔵第九七函・第一五一函・塔中蔵第四四函等に分散して存在している。その中で、御経蔵第一五〇函との関係で最も注目すべきは、笈函である。笈函は、重要と考えられた文書をある時期に集めた函と思われ、その中の「古文書四」「古文書五」と分類された中には、中世文書が二〇〇通ほど存在している。その内容も大半が所領関係で御経蔵第一五〇函と似通う。実際、笈函所収の文書断簡と、御経蔵第一五〇函第四七号とが接合する。元来は御経蔵第一五〇函の文書と一体で伝来していたものと推測される。

また、御経蔵第九七函も、点数は一五通と少ないが、大半が寺領関係の中世文書である。そしてやはり、この中の文書断簡が、御経蔵第一五〇函第八号と接合する。御経蔵第九七函は、寺蔵の『仁和寺御経蔵聖教目録』には下記のようにあり、近代に別置された文書であることが判明する（池田二〇〇一）。

> 当箱中ニ現存セシ古文書ハ、曾テ史料編纂掛へ貸与セシ一纏ニシテ、其大部分ハ黒塗手箱ト笈トニ返納セリ。今残存スル十数通ハ所納箱不明ニ付、当箱へ納メ置ク者也。昭和十二年九月。

これらは御経蔵第一五〇函の寺領文書を検討する上で、ともに参照すべき文書である。

一方、それらとは性格を異にすると思われる文書群もある。例えば塔中蔵第四四函は貞観寺関係文書であり、御経蔵第一五一函は院家の真乗院関係の近世文書と推測されている（池田二〇〇一）。これらを含めた、仁和寺文書の全体像とその伝来の過程は、今後さらに深めるべき課題である。

参考文献

田中　稔　一九五九「仁和寺文書拾遺」『史学雑誌』第六八編第九号
田中　稔　一九六九「仁和寺文書拾遺（続）」『古事類苑月報』第二六号
田中　稔　一九九〇「仁和寺文書」『国史大辞典』第一一巻　吉川弘文館
綾村　宏　一九九二「仁和寺文書」『日本歴史「古文書」総覧』　新人物往来社
池田　寿　二〇〇一「仁和寺御経蔵近世文書の概要」『真言宗寺院所蔵の典籍文書の総合的研究―仁和寺御経蔵を対象として―』科学研究費補助金研究成果報告書

（文責　吉川　聡）

あとがき

当研究所が仁和寺所蔵の聖教・典籍・文書等の調査を開始したのが、昭和三三年（一九五八）。その時から、御経蔵第一五〇函の中世文書の調査が始まりました。それから五五年が経過し、やっと一冊の史料集を刊行することができました。仁和寺一山の皆様をはじめ、本書の刊行を長年待ち望んでおられた方も多いことと拝察致します。半世紀以上にわたって当研究所の調査にご理解・ご高配をたまわった総本山仁和寺代々のご門跡をはじめ、歴代ご当局の皆様には、心より厚く感謝申し上げます。また、近年の当研究所の調査に直接お世話をして頂いている仁和寺管財課の皆様にも、ご高配に対して厚くお礼申し上げます。

本書の形にまとまるまでには、長い道程がありました。昭和三〇年代の田中 稔・狩野 久等による整理。その後の、田中 稔・鬼頭清明・加藤 優・綾村 宏の歴代歴史研究室長を中心とした、悉皆的な調書作成。八幡扶桑によるマイクロフィルム写真撮影、などです。その間には、当研究所の木簡関係の業務が過多になったため、調査が滞りがちになった時期もありました。しかしそのような時期にも、釈文作成作業は継続しておこなってきました。近年、さらなる検討を経て、原本校正もおこない、公表できるまでの釈文に仕上がったと判断しましたので、『仁和寺史料　古文書編』の刊行を企画した次第です。できばえを御批評いただければ幸いです。

しかしながら、本書も御経蔵第一五〇函の一部を紹介したに過ぎません。また、御経蔵第一五〇函以外にも、重要文書は数多くあります。今後もそれらの調査研究を進め、『仁和寺史料　古文書編』を継続して刊行していく所存です。

本書の編集は吉川 聡（歴史研究室長）が担当しました。校正には加藤 優・綾村 宏（以上、元歴史研究室長）・小原嘉記（客員研究員）等の助力を仰ぎました。編集補助には大田壮一郎・谷本 啓・中町美香子・山本倫弘等の協力を得ています。また本書掲載の写真は、今回新たに鎌倉 綾がデジタル一眼レフカメラで撮影したものです。

この他にも、五〇年以上の間に調査に関係した方々は数多く、到底お名前を挙げきれません。本書が形を成すまでに、調査にご理解・ご協力を賜り、また参加したすべての方々に、深甚の謝意を表します。

（吉川　聡）

二〇一三年（平成二五）六月一日　第一刷発行

仁和寺史料　古文書編一

奈良文化財研究所史料　第八十九冊

編者・発行　独立行政法人国立文化財機構　奈良文化財研究所

印刷所　株式会社　明新社

発売所　株式会社　吉川弘文館
〒一一三-〇〇三三
東京都文京区本郷七丁目二-八
電話　〇三-三八一三-九一五一〈代表〉
振替　〇〇一〇〇-五-二四四

ISBN 978-4-642-08947-0